AF619473

LA MONNAIE

HISTOIRE
DE L'OR, DE L'ARGENT & DU PAPIER

PAR

A. DALSÈME

LÉOPOLD CERF, ÉDITEUR

LA MONNAIE

HISTOIRE DE L'OR, DE L'ARGENT ET DU PAPIER

VERSAILLES
CERF ET FILS, IMPRIMEURS
59, RUE DUPLESSIS, 59

Monnaie de papier et monnaie de billon.

LA MONNAIE

HISTOIRE DE L'OR, DE L'ARGENT ET DU PAPIER

PAR

J. DALSÈME

Ancien élève de l'École polytechnique
Professeur à l'École normale de la Seine.

PARIS
LIBRAIRIE LÉOPOLD CERF
13, RUE DE MÉDICIS, 13

1882

CHAPITRE I

Comment on devient commerçant. — Le troc. — Une artiste dans l'embarras — L'enfance des monnaies. — Pasteurs et conquérants. — Coquillages et métaux précieux. — Ce qu'exige une monnaie irréprochable. — Les rentes en blé. — La liqueur d'or. — Le titre et le poids.

« Donne-moi de quoi que t'as ; je te donnerai de quoi que j'ai... » C'est l'offre naïve du marmot encore ignorant de la civilisation, — et de la grammaire. A la grammaire près, la phrase contient toute la formule du commerce, lequel ne constitue, en somme, qu'une suite d'échanges.

Le campagnard récolte du blé ; le citadin tisse du drap : « Donne-moi du pain, dit l'habitant de la ville. — Taille-moi des habits, » répond l'agriculteur. Marché conclu. Mais l'un a froid, et il faut du temps pour coudre ; l'autre a faim et il faut du temps pour moudre. Tous deux ont cherché, de longue date, et trouvé le moyen de ne se point attendre réciproquement. D'autres personnages, d'ailleurs, les ont aidés à se mettre d'accord : le boulanger, qui a toujours du pain sur la planche ; le confectionneur qui tient une réserve de vêtements tout prêts. Que l'on se présente chez eux, et l'on est servi. Il ne reste qu'à payer en bonnes espèces, en monnaie.

Ceux qui n'en possèdent point continuent à suivre les vieux us, — car l'échange n'a jamais cessé de se pratiquer directement : on troque un encrier contre une toupie; plus tard on troque une vieille montre contre un lot de bouquins... On troque même des airs de musique contre les denrées les plus étrangères à l'art musical.

Il y a quelques années, une artiste du Théâtre-Lyrique, séduite par les annonces d'un journal trans-océanien, accepta place dans une troupe pour une tournée autour du globe. On donna un concert, notamment, aux îles de la Société. La chanteuse devait recevoir le tiers de la recette. Les comptes réglés, elle se trouva à la tête d'un total dont voici les éléments : trois porcs, — vingt-trois dindons, — quarante-quatre poulets, — cinq mille noix de coco, — sans parler d'une montagne de bananes et de citrons ! Cachet opulent, devait penser maint camarade. — Mais la voyageuse n'était pas de taille à en opérer l'absorption, et elle dut employer l'une des moitiés de son bénéfice à nourrir l'autre, en attendant que quelque chef de cambuse voulût bien la débarrasser du demeurant contre un genre moins encombrant de finances.

Il s'agissait bien d'un troc, encore, mais d'une nature spéciale; un troc contre une marchandise acceptée par tout le monde pour être troquée à son tour contre toute autre marchandise. Car telle est la qualité fondamentale et la raison d'être de la monnaie ; de la monnaie, agent universel des échanges, première expression du génie humain appliqué aux transactions commerciales.

Qui l'a inventée ? A quel siècle en faire remonter les

Une artiste dans l'embarras.

origines ? Question à laquelle il serait malaisé de répondre. Ces origines sont lointaines, assurément, puisque les peuples les plus barbares, les Cafres, les Hottentots, les nègres de Guinée ; ceux qui sont, dans leur propre histoire, à peu près où nos pères pouvaient être de la leur il y a cinq ou six mille ans ; puisque les Cafres, les Hottentots et les nègres de Guinée possèdent l'art éminemment respectable de payer leurs dettes. On achète et l'on vend, chez eux. L'on s'acquitte en coquillages, en *cauris*.

Monnaie tout-à-fait élémentaire, à la vérité. Mais quoi ! Lorsque l'on est petit et qu'on va à l'école, on tient volontiers ses poches pleines de billes. On aime mieux cela, souvent, que d'y voir des sous. Les billes, c'est de la monnaie aussi ; plus vile, soit ; mais combien plus commode ! Ne se trouve-t-elle pas divisée tout menu ? Pensez donc : dix billes pour un sou ! A cet autre bambin qui passe, brandissant fièrement un bâton de sucre d'orge : « Coupe m'en la moitié, veux-tu ? Tu auras cinq billes !... — Je préférerais ton crayon qui marque rouge ; tu sais ? — Oh ! le crayon, je ne le céderai pas à moins de quinze billes... et encore parce qu'il est entamé d'un bout ! »

L'enfance de l'homme ressemble singulièrement à l'enfance de l'humanité. Billes et *cauris* offrent ce commun avantage de ne représenter, isolés, que l'équivalent d'une valeur insignifiante. Enfants joueurs, sauvages commerçants, se rencontrent en une même conclusion en demandant à la monnaie, comme l'une de ses vertus essentielles, la *divisibilité*.

L'âge, aussi bien que la civilisation, amène vite des

exigences nouvelles. Que ne faut-il point à des monnaies pour mériter le titre d'irréprochables ! En outre de cette divisibilité grâce à laquelle elles nous permettent de faire face aux petits paiements comme aux gros, nous voulons qu'elles constituent par elles-mêmes ou du moins par la matière qui les forme, une marchandise, une chose que l'on rechercherait pour son utilité ou pour son agrément.

A ce titre, toutes les productions du sol, toutes celles de l'industrie pourraient servir. Les Malais soldent souvent encore leurs achats, entre eux, à l'aide de coupons d'étoffe plus ou moins volumineux. Des peuplades de l'Afrique septentrionale ont adopté le sel. Les Indiens de l'Amérique du Nord se servaient de colliers de *wampum*, coquilles noires ou blanches polies par un long frottement, monnaie si bien usitée, il y a deux siècles, que l'Etat du Massachusetts lui donna cours légal, entre colons, jusqu'à concurrence de quarante shillings[1].

Chacun, en un mot, obéit à la force des choses. Les peuples chasseurs prennent pour terme de comparaison, dans leurs échanges, la fourrure de l'animal qui leur offre la proie la plus fréquente. Chez les Lapons, le même mot signifie à la fois « peau » et « monnaie ». Peut-être faut-il assigner une origine analogue à la tradition d'après laquelle les plus anciennes monnaies, à Lacédémone et à Carthage, étaient des pièces de cuir. — Les peuples pasteurs évaluèrent leurs richesses en tête de bœufs ou de moutons : les

---

[1] Stanley JEVONS : *La monnaie et le mécanisme de l'échange.*

étymologistes s'accordent à reconnaître que le nom latin de la monnaie, *pecunia,* dérive de *pecus,* bétail. Telle semble être également la source de l'expression : capital (*capita*, têtes). — Les peuples agriculteurs adoptèrent des produits végétaux : le blé, dans la péninsule scandinave et au Mexique ; l'huile d'olive dans les îles Ioniennes, le tabac dans les colonies anglaises de la Virginie. (En 1618, le gouvernement local ordonna de l'accepter sur le pied de 3 shillings par livre, sous peine des travaux forcés.) — Les peuples conquérants comptèrent en esclaves. Ainsi font encore les nègres du Soudan, lesquels se déclarent la guerre dans l'unique but de se procurer cette monnaie humaine.

Ne poussons pas plus loin notre revue.

Ces solutions pèchent toutes : elles ne satisfont qu'à l'une de nos légitimes exigences. Nous voulons en effet que la monnaie soit inaltérable ; nous voulons aussi qu'elle soit transportable, et, parmi les monnaies précitées les unes demeurent bien peu de temps intactes ; d'autres vieillissent et succombent ; d'autres ont cette propriété de se transporter si aisément, qu'elles ne négligent aucune occasion de prendre la fuite !

Les monnaies, encore, doivent offrir une assez forte valeur sous un faible volume, sous peine de devenir bientôt embarrassantes. — Témoins les pièces de fer que Lycurgue faisait forger, précisément pour ôter aux Spartiates l'envie d'être riches.

Il ne convient pas qu'elles soient sujettes à de brusques changements dans la valeur qu'on y attribue. Il faut de plus que leur substance soit toujours homogène, partout semblable à elle-même, afin que l'on en puisse vérifier la nature à chaque instant et sans difficulté.

Ainsi, le blé, que tant d'excellentes gens ont proposé en guise de monnaie universelle, le blé fournirait une pitoyable monnaie. Certes, il permettrait de payer les sommes les plus infimes, puisqu'un litre de froment, qui équivaut à quelques sous, renferme une dizaine de milliers de grains! Mais ces grains se gâtent à l'humidité, sans parler des atteintes de la dent des rongeurs. Puis, le blé est loin de se retrouver semblable partout à lui-même. Comparez la *touselle* de Provence aux froments emmagasinés à Odessa! Puis, encore, la récolte d'une année ne donne les mêmes résultats, en qualité ou en quantité, ni de l'année d'avant ni de l'année d'après. L'économe qui, dans son grenier, a conservé quelques hectolitres des moissons dernières, voit son épargne engrangée perdre juste la moitié de sa valeur, si cette moisson-ci est deux fois plus abondante.

A la vérité, si l'on étudie la statistique d'un grand nombre d'années consécutives, on s'aperçoit que des moyennes s'établissent entre la production générale des céréales et le nombre total d'individus que le globe nourrit. Les sept vaches maigres du songe égyptien finissent toujours par dévorer les sept vaches grasses. Un équilibre tend à s'établir. Aussi, des économistes ont-ils proposé de prendre le blé comme terme d'évaluation, dans les contrats embrassant une longue période, dans les baux par exemple. Ceux-là célèbrent la prévoyance des hommes d'Etat de la reine Elisabeth, lesquels obligèrent les collèges d'Eton, de Cambridge et d'Oxford, à louer leurs terres pour des rentes fixées en blé. Ces établissements, proclame-t-on, en sont devenus plus riches, les rentes fixées en numéraire ne représentant plus, cent ans après, qu'une fraction de leur primitive valeur.

Et le diamant ? Oh ! le diamant offre une valeur considérable sous une apparence exiguë. Mais il n'est pas *homogène*. Le diamant du Cap ne vaut pas celui du Brésil. Le diamant teinté est inférieur au diamant d'une *eau* sans tache. Le diamant est divisible ; mais à mesure qu'on le divise, il se déprécie dans une proportion toute différente. Les gros diamants sont extrêmement rares. Qu'une pierre précieuse soit partagée en deux, et les deux moitiés ne valent plus ensemble que la moitié de la gemme qui tout à l'heure occupait le même volume avec le même poids.

Parmi les métaux seuls, les hommes pouvaient trouver satisfaction. Ils s'adressèrent, tout naturellement, aux métaux précieux. Ceux-ci représentent les plus rares. Jadis, cependant, ils étaient les plus répandus : l'on n'en connaissait point d'autres. Incrustés en lourdes pépites au sein des roches, ou, en paillettes brillantes, se mêlant aux sables que roulent les torrents, ils avaient été les premiers découverts.

« L'attention des peuples qui recherchaient des pierres
» compactes pour la fabrication de leurs armes ne pouvait
» être éveillée par l'aspect de la plupart de nos minerais,
» sombres, peu résistants, presque friables. Au contraire,
» l'or et l'argent attiraient les regards. Il en fut de même
» du cuivre natif, lequel se présentait par masses et en

» lames soudées aux roches qui en forment le gangue[1]. »

Dans l'or et l'argent, aussi bien que dans le cuivre, nos ancêtres, en effet, apercevaient des pierres plus lourdes que les autres ; des pierres que ne brisait pas le choc et qui se laissaient, au contraire, sous des coups répétés, étaler en plaques, amincir en lames, arrondir en disques. L'idée d'en user comme d'un terme de comparaison entre les valeurs des objets échangés devait naître sans effort ; et dès que l'on sut peser, on les pesa.

La belle couleur de l'or, en particulier, son éclat qui le fit dédier au Soleil jusque par nos alchimistes, le désignaient comme le métal précieux par excellence. On y voulut, même, découvrir d'extraordinaires propriétés. Les médecins arabes le dotèrent de pouvoirs surnaturels. Ils le faisaient porter en amulettes. Les nôtres, au moyen-âge, varièrent le procédé en administrant à leurs malades le fameux *bouillon* d'or : un ducat cuit, vingt-quatre heures durant, avec un vieux coq... Heureux malades, auxquels le volatile fournissait un consommé réconfortant ! Heureux médecins, qui retrouvaient intact le ducat !

Les siècles ont succédé aux siècles ; l'or et l'argent sont demeurés en possession de leur rôle.

C'est que l'un et l'autre sont inaltérables, sensiblement. C'est que tous deux, surtout, sont partout et toujours identiques à eux-mêmes. L'or de la Californie ne se distingue à aucun degré de l'or sorti des *placers* australiens. L'argent affiné à Poullaouen, dans notre Bretagne, ne diffère en rien

[1] DAUX : *L'Industrie humaine*.

de l'argent extrait au Mexique ou au Pérou. Portez au quai Conti, à l'hôtel des monnaies, un bijou ou un lingot : nul ne vous questionnera sur la provenance du métal qui le forme. Vient-il de l'ancien continent, ou du nouveau? Le fit on émerger du lit d'une rivière, ou bien des entrailles du sol? Peu importe. Il serait, au surplus, impossible de répondre. Une seule chose intéresse : le poids du lingot, avec son titre, c'est-à-dire la proportion de métal fin qu'il renferme.

CHAPITRE II

De Judée en Chine. — Le faux monnayage royal. — Nicolas Oresme. — La fausse monnaie légale. — Encore les Chinois. — Le billon. — Bronze et argent. — Un franc est-il un franc? — L'arithmétique et le sens commun. — Le droit de battre monnaie. — Étalon simple et étalon double.

Rien ne serait plus curieux à suivre, en sa lente évolution, que le régime monétaire des divers peuples.

Une telle étude nous apprendrait, peut-être, ce que, jadis, monarques petits et grands tirèrent de bénéfices licites ou illicites, en exploitant le privilège de battre monnaie. Elle aurait le défaut de nous entrainer trop loin, au moyen-âge, surtout, où le chaos devient, par période, presqu'impossible à débrouiller [1].

A peine conçoit-on que les populations soient parvenues à se retrouver, au sein d'un désordre qui n'a cessé de se traduire, depuis les temps bibliques jusqu'à 89, par l'abaissement et la falsification de plus en plus accusés, du titre comme du poids des monnaies.

Encore, dans les premiers temps, alors que les hommes

[1] Voyez en particulier le *Mémoire* de M. Ad. Vuitry sur les *Monnaies sous les premiers Valois.*

ne se servaient que par exception de l'or et de l'argent, aux siècles primitifs où l'on échangeait son champ contre une couple de bœufs ou sa fille contre un troupeau de moutons, une honnêteté relative présidait-elle à ce rare usage des métaux précieux.

La monnaie proprement dite n'existait pas ; on pesait le métal. Ainsi, nous raconte la Genèse, Abraham pesait 400 *sicles* d'argent aux fils de Heth, desquels il venait d'acheter une pièce de terre.

Ce mode tout patriarcal, mais susceptible d'engendrer évidemment certaines lenteurs, s'est conservé chez les Chinois, gens qui ne sont jamais pressés, comme on sait. En Chine, l'argent se transmet de la main à la main dans les transactions, sous forme de lingots de poids quelconque, comme chez nous on livre quotidiennement du plomb, du bois ou du sucre [1].

On peut d'ailleurs remarquer que, dans presque tous les pays civilisés où des pièces de monnaie servent aux échanges, beaucoup de ces pièces portent les mêmes dénominations que des poids actuellement ou autrefois en usage.

Le *talent,* par exemple, dans la Grèce antique, l'*as* chez les Romains, le *pound* chez les Anglais, la *livre* en France, le *taël* en Chine, désignaient à la fois des poids et des monnaies, et celles-ci pesaient précisément un talent, un as, une livre, un taël [2], etc.

---

[1] M. DE ROCHECHOUART, *Journal des Économistes*, vol. XV, année 1869.

[2] Le taël, toujours en usage chez les Chinois, pèse 58 grammes 1/2 environ.

Mais les choses ne pouvaient rester longtemps ainsi, l'autorité publique étant investie du droit de fabriquer seule ou de faire fabriquer la monnaie.

Il était si simple, si commode, si tentant de se rendre plus riche en diminuant le poids et en faussant le titre des pièces, que peu de gouvernements y faillirent. Le Sénat de la République romaine, comme plus tard les rois de France que l'histoire a flétris du nom de faux monnayeurs, ne se firent pas faute d'user de cette façon d'enrichir le Trésor public, en recevant une pièce de la main droite pour n'en rendre que la moitié de la main gauche.

On a peine à croire que le faux monnayage officiel ait pu passer pour légitime, au moins dans une certaine mesure, jusqu'à la fin du siècle dernier. Il existe pourtant une circulaire de Necker, contrôleur des finances, circulaire en date du 2 avril 1779 (en 1779, il y avait déjà des circulaires ministérielles), où il est reproché en toutes lettres aux directeurs des hôtels des monnaies « de ne pas fabriquer les pièces assez faibles pour qu'il en puisse résulter un plus grand bénéfice pour le roi. »

Comment s'étonner, après cela, que la livre d'argent, en 1789, eût été successivement réduite à ne plus offrir que la 75e partie de ce qu'elle pesait sous Charlemagne, c'est-à-dire d'une livre ?

En Angleterre, pays de l'Europe où la monnaie a été le moins altérée, la livre sterling ne représente plus, poids d'argent, que le tiers de sa masse primitive.

Les princes, toutefois, ne s'abusaient, ni en 1779, ni

même au moyen âge, sur leurs prétendus droits. La preuve en est dans les précautions qu'ils prenaient pour dissimuler leurs frauduleuses opérations.

Les leçons, au surplus, ne leur avaient point manqué, non plus que les instituteurs. Le collaborateur financier du sage Charles V, Nicolas Oresme, exposait, dès 1370, la théorie rationnelle des monnaies et de leur rôle économique avec la plus clairvoyante netteté.

Dans son *Traité des monnaies,* Nicolas Oresme montre très bien comment l'usage de ces instruments succéda à l'échange pur et simple, au troc. Il explique à merveille de quelle façon, après qu'on se fût lassé de peser les métaux livrés en paiement de marchandises, un progrès se réalisa « pour ce que c'était ennuyable chose de souvent recourre à la balance, et avecques ce le vendeur en plusieurs cas ne povoit cognoistre la substance du métal dont la monnoie étoit composée, par les saiges du temps y fut saigement pourvu, que les pièces de monnoies se feroient de certaine manière et déterminé pois, en laquelle se imprimeroit une figure à chacun notoire et congneue, qui signifieroit la qualité de la matière et la vérité du pois du dernier. »

Le conseiller de Charles V condamne énergiquement « la mutacion du pois de la monnoie, ainsi que l'altération du titre des espèces, la mutacion de la matière de la monnoie. » Il déclare illégitimes les bénéfices réalisés de la sorte ; il juge avec sévérité les maux qu'entraîne la falsification des monnaies, et pour le prince qui commet la fraude alors justement que c'est « chose propre à lui de condamner et punir les faux-monnoyeurs », et pour les populations que la fraude ruine et démoralise.

Les gens faisant commerce d'argent et d'or, plus instruits en cette matière que le commun de la nation, avaient bien soin d'accepter la monnaie seulement pour sa valeur reconnue, balance en mains. La masse du public, donc, supportait tout le poids de la royale supercherie.

Dès le commencement du XVIe siècle, Copernic, plus affirmatif encore que Nicolas Oresme, écrivait :

« Quelque innombrables que soient les fléaux qui d'ordinaire amènent la décadence des royaumes, des principautés et des républiques, les quatre suivants sont, à mon avis, les plus redoutables : la discorde, la peste, la stérilité de la terre, et la détérioration de la monnaie.

» Pour les trois premiers, l'évidence fait que personne ne les ignore. Pour le quatrième, peu de gens s'en occupent. Pourquoi ? Parce que ce n'est pas d'un seul coup, mais petit à petit, par une action presque latente, qu'il ruine l'Etat. »

Aujourd'hui, tous les peuples policés ont reconnu que la monnaie n'est pas un simple signe susceptible de recevoir arbitrairement telle ou telle dénomination et de circuler pour une valeur de fantaisie, mais une marchandise tout comme une autre, ne s'échangeant que contre une marchandise équivalente.

Il n'est au pouvoir d'aucune autorité impériale, royale ou nationale de fixer à quel degré l'or et l'argent doivent être considérés comme des matières précieuses.

Le rôle de l'Etat, en tant qu'il s'agit des hôtels de monnaies, est limité, par la nature des choses, à une simple surveillance, ayant pour objet précisément de vérifier si les espèces frappées répondent aux conditions indiquées par le législateur.

Tout le monde, en somme, jouit chez nous du droit de se procurer des métaux et de battre monnaie, sous la seule condition de s'adresser, pour la main-d'œuvre, à l'usine investie du monopole de ce genre de fabrication.

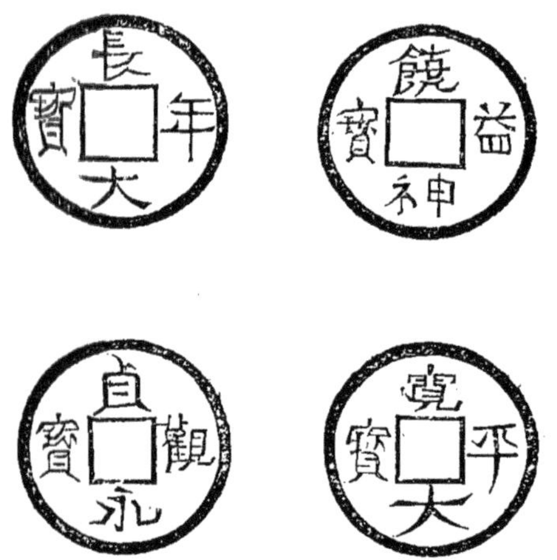

Tsién ou sapèques de Chine.

De ses anciens et exclusifs privilèges, l'Etat n'a conservé que la faculté de faux-monnayage..., faux-monnayage réglé, lui aussi, par la loi, et pour la plus grande commodité du public.

Le public, en effet, ne peut se passer de pièces de faible valeur. — Les Chinois, déjà nommés, ne se condamnent point à transporter leur balance à lingots jusque chez le boucher pour l'achat d'une côtelette, ou dans la fruiterie pour le solde de quelques légumes. Dans le cours de ces menus actes de la vie quotidienne, ils vaquent aux payements, grâce au collier de *sapèques*. Ces sapèques sont des rondelles de laiton percées d'un trou carré permettant de les mettre en enfilade, et frappées de signes qui les dotent d'une valeur de convention. Nos sapèques, à nous qui ne saurions fragmenter non plus les pièces d'or et d'argent, c'est le centime et le sou. Les Allemands ont le *kreutzer ;* les Anglais, le *farthing* et le *penny*.

Notre centime pèse un gramme, ce qui met le cuivre monnayé à 10 fr. le kilo. Quatre fois ce que vaut le cuivre en barres. En d'autres termes, nos monnaies de bronze ne présentent, considérées comme objets métalliques, que le quart de leur valeur nominale.

La fabrication d'une monnaie de cet acabit peut-elle être abandonnée au libre jeu des initiatives ? Prendre pour quarante-cinq sous de cuivre et en tirer dix francs ! Quel rêve, pour une ménagère bien pourvue en batterie de cuisine ! et le beau défilé de casseroles sous les voûtes de l'hôtel du quai Conti !

Le sens vulgaire suffit à montrer que la frappe des monnaies de billon doit être laissée à l'Etat, seul assez délicatement outillé pour savoir quelles quantités réclament les besoins des menues transactions.

A ce jeu, l'Etat, comme le roi jadis, réalisera des gains ? Assurément. Mais l'Etat, c'est vous, c'est moi, c'est nous tous. Et si, telle année, le gouvernement inscrit au budget des recettes cinq cent mille francs de bénéfices obtenus en battant des gros sous, il nous faudra bien nous dire que, n'eût été cette ressource, il eût dû réclamer cinq cent mille francs de plus à l'impôt.

Dans la circulation, donc, à côté des pièces à valeur pleine, — c'est-à-dire sur lesquelles la légende inscrite par les soins de l'Etat n'a fait que consacrer la valeur du lingot, — pourront se mouvoir des pièces d'une valeur plus ou moins fictive, véritables jetons que nul n'aura l'idée d'accaparer au passage, parce que ce serait jouer à qui gagne perd.

L'Etat demeurera exclusivement chargé de produire ces monnaies de *billon* (dont la valeur légale surpasse manifestement la valeur marchande). Pour parer à tout abus, la circulation de ces sortes de monnaies sera limitée.

Chacun sait que la monnaie de bronze, en France, est dite l'*appoint* de 5 francs, c'est-à-dire que nul n'est tenu d'en accepter, dans un payement, pour une quotité supérieure à quatre francs quatre-vingt-dix-neuf centimes.

Au nombre des monnaies de billon, il nous faut ranger aussi nos pièces d'argent divisionnaires, c'est-à-dire la série des quatre pièces de 2 fr., de 1 fr., de 0,50 et de 0,20 centimes.

La loi du 18 germinal an III [1], constitutive du système métrique décimal, et la loi complémentaire du 7 germinal an XI [2], avaient fixé, comme unité monétaire, le franc : cinq grammes d'argent au titre de 900 millièmes.

Le 23 décembre 1865, une convention a été conclue entre la France, la Belgique, la Suisse et l'Italie. La Grèce,

---

[1] 7 avril 1795.
[2] 28 mars 1803.

en 1868, y a accédé. En vertu de cette convention, dans les cinq Etats composant ce qu'on a appelé l'*Union* latine, la pièce de 5 fr. reste seule au titre de 0,900 ; les pièces divisionnaires sont au titre de 0,835 millièmes. Une pièce de 5 fr. contient 22 gr. 500 d'argent pur, tandis que 5 pièces de 1 fr. n'en renferment que 20 gr. 875.

Par une conséquence toute naturelle, la production des monnaies divisionnaires est réservée à l'Etat. A cette nouvelle espèce de billon, on oppose le correctif obligé du maximum légal : nul n'est tenu d'en recevoir que jusqu'à concurrence de 50 fr., pour les payements entre citoyens ; de 100 francs s'il s'agit de versements effectués aux caisses publiques de l'un des cinq Etats, en monnaie de l'un des quatre autres [1].

— Alors, la loi de germinal an XI n'est plus la règle monétaire de la France ?

— Pardon. Les lois et les traités de date plus récente se sont bornés à en modifier la mise en œuvre.

— Cependant, si je veux posséder exactement un franc, comment m'y prendre ? Qui me le donnera, ce franc normal ?

— Personne. Le franc n'existe, en France, que sur le papier ; ou, si vous préférez, c'est le cinquième de la pièce de cinq francs.

— Je ne puis pourtant couper en cinq un écu ?

— Assurément non.

---

[1] Il n'y a point de maximum pour la monnaie versée aux caisses publiques de l'Etat qui l'a émise. — Voyez le texte de la Convention, pièce A, Annexes.

— Que signifie alors cette phrase extraite de certains traités d'arithmétique à l'usage des écoles : « Le franc est une pièce de monnaie du poids de 5 grammes au titre de 835 millièmes ? »

— Elle signifie que ses auteurs ont négligé de réfléchir sur la destination et le rôle des monnaies. Elle signifie surtout qu'une grosse erreur est commise couramment; erreur qui consiste à dire et à imprimer que le franc, ou la livre sterling, ou le florin, ou le dollar, est « une pièce de monnaie. »

La loi, partout, a distingué des mesures de compte et des mesures *effectives,* celles-ci représentées par des objets réels. Le mètre cube est une mesure de compte ; le litre et l'hectolitre sont des mesures effectives. Le quintal et la tonne sont des poids de compte ; le kilogramme, le myriagramme sont effectifs. Le franc défini par la loi de l'an XI est passé à l'état de mesure de compte ; la pièce de cinq francs est seule effective.

Le franc n'est pas plus une pièce de monnaie que le mètre n'est un bâton. Un fil coupé à la longueur suffisante, deux traits espacés convenablement sur un mur, fourniront le mètre s'ils répondent à la quarante-millionième partie du méridien terrestre. Un centimètre cube d'eau pure fournira le gramme, sans que nos marchands soient astreints, pour peser, à verser de l'eau distillée dans le plateau de leur balance. En d'autres termes, le mètre, unité des longueurs, est une certaine longueur ; comme le litre, terme de comparaison entre les capacités, est une certaine capacité ; comme le gramme, commune mesure des poids, est un certain poids ; comme le franc, qui sert à comparer les valeurs, est une certaine valeur : la valeur attribuée à 5 grammes d'argent au titre de neuf dixièmes.

Fort bien : voilà qui demeure entendu. Le franc normal de la loi de l'an XI n'existe plus, sinon sous la forme de son quintuple. On y a substitué un franc subalterne. Ce franc-là et les autres pièces divisionnaires constituent, par conséquent, de la fausse monnaie, tout comme le bronze ?
— Vous l'avez dit.

Mais entendons-nous : de la fausse monnaie *légale*.

Fausse, en ce sens que sa valeur nominale dépasse sa valeur marchande ; mais très sincère en ce que l'Etat la fabrique loyalement en conformité des lois existantes, et que nul n'est censé ignorer la loi.

Débarrassons donc notre langage, à cet égard, du vilain terme de fausse monnaie ; et disons, ce qui sera la simple traduction de la vérité : des monnaies à valeur conventionnelle.

— Monnaies à valeur conventionnelle, soit. En résumé, la pièce de cinq francs est au titre normal ?

— Oui.

— Aucune disposition législative n'en limite le cours ?

— Aucune.

— Un Français peut l'employer dans ses payements sans maximum assigné ?

— Sans maximum, en effet, dans les pays de l'Union latine.

— Enfin, la pièce de cinq francs a sa valeur pleine ?

— Tantôt oui, tantôt non.

En ce moment, c'est non. A preuve que, depuis 1877, le droit de faire monnayer l'argent est suspendu pour les particuliers. Seul, le monnayage de l'or est libre. Mais ici nous abordons de plain-pied le champ de la grande bataille engagée entre « l'étalon simple » et le « double étalon. »

Le sujet mérite bien un chapitre spécial.

CHAPITRE III

La lutte des étalons. — L'instabilité des prix. — Les erreurs de Louis XIII. — Mésaventures japonaises. — Trop de kobangs et pas assez d'itzibus. — Monométallisme et bimétallisme. — Nos cinq milliards. — Les vieux thalers. — Un seul étalon en deux personnes.

En France, nous évaluons les longueurs à l'aide du mètre. Aux Etats-Unis, naguère, ils se servaient uniquement de la yard anglaise (0 m. 914) subdivisée en 3 pieds de 12 pouces. Ici et là-bas donc, à cette époque, étalon simple : le mètre pour nous ; la yard pour eux.

Depuis 1876, l'ancien système anglais restant en vigueur, l'emploi des mesures françaises est néanmoins autorisé. Les personnes instruites ont recours chaque jour plus volontiers à notre système décimal si commode. Si bien que lorsqu'un ouvrier a effectué des mesures en yards, pieds et pouces, l'ingénieur qui le guide les recommence fréquemment en mètres, décimètres et centimètres. En fait, l'Américain possède, relativement aux longueurs, un double étalon. L'inconvénient ? Il ne va pas au-delà de l'entente à établir entre des calculs conduits de deux façons différentes. Ingénieur et ouvrier s'entendront sans peine, à la seule condition de ne point ignorer ce qu'une yard vaut en mètres ou ce qu'un mètre vaut en yards.

Ne retrouvons-nous pas, devant les systèmes monétaires des diverses nations, l'exacte reproduction des mêmes faits ? Deux métaux précieux, l'or et l'argent, se disputent l'honneur de présider aux transactions du commerce. Dans les contrées d'Orient, où elles sont moins actives, l'argent joue le rôle principal. Dans les pays occidentaux, les payements, de plus forte importance, réclament l'intervention prépondérante de l'or. Mais sous chaque latitude, circulent côte à côte des espèces en or et des espèces en argent.

Le malheur, c'est qu'il est moins aisé de savoir ce qu'un kilogramme d'or vaut de kilogrammes d'argent, que d'apprendre ce qu'une yard vaut de centimètres. La yard d'aujourd'hui est celle d'hier. Le mètre, lui non plus, n'est plus long ni plus court. Leur rapport reste fixe. Tout autrement se comporte le rapport des valeurs de deux métaux précieux. Nous avons l'habitude, en France, sur la foi précisément de notre système monétaire, de déclarer qu'à poids égal l'or vaut quinze fois et demi autant que l'argent. Dans la réalité commerciale, le chiffre est incessamment variable et mobile.

Le mois dernier, par exemple, une ménagère s'est procuré, pour le même prix, une livre d'huile d'olive et dix livres de pain. A poids égal, a-t-elle pu dire, l'huile vaut 10 fois plus que le pain. Ce mois-ci, les olives s'annoncent mal ; les blés au contraire sont superbes : le prix de l'huile s'élève, le prix du pain s'abaisse. Pour la même somme qu'au précédent achat, notre ménagère n'obtient plus que

400 grammes d'huile, ou, à son choix, 12 livres de pain. Traduction : elle aurait 15 livres de pain pour 500 grammes d'huile ; ou, à poids égal, l'huile vaut maintenant 15 fois plus que le pain.

L'or et l'argent, ne l'oublions pas, sont des marchandises, et, comme telles, soumises aux inévitables fluctuations susceptibles d'en amplifier ou d'en amoindrir la valeur relative, selon l'offre et la demande, selon la récolte abondante ou maigre, selon le calme ou l'urgence des nécessités.

La croyance contraire a fait l'erreur des ministres et des souverains jusqu'à notre siècle. Le commerce, lui, a constamment réagi, bien que d'une façon inconsciente la plupart du temps.

« Au temps de Louis XIII, dit M. d'Avenel [1], nul ne doutait que les valeurs de l'or et de l'argent ne pussent être fixées, soit d'une manière absolue, soit dans le rapport de l'une à l'autre, par la volonté du souverain ; et cette opinion devait subsister encore au XVIIIe siècle, où on la voit énoncée catégoriquement par Montesquieu. Louis XIII se croyait intéressé à maintenir « un certain rapport » entre l'or et l'argent, et il trouvait fort mauvais que ses sujets s'obstinassent à suivre le mouvement commercial, qu'il déclarait coupable et factieux.

» En faisant une hausse artificielle de l'argent, alors que l'or seul augmentait par rapport à l'argent, il ne réussit

[1] *La valeur monétaire et le pouvoir de l'argent sous Louis XIII.* Académie des Sciences morales, séance du 4 février 1882.

qu'à provoquer une hausse de toutes les marchandises, parce que le commerce estimait, en 1640, le rapport de l'or à l'argent, non plus à 11,85, comme en 1615, ni à 12,80 comme en 1630, mais à 14,76, et continuait de donner la même quantité de marchandises pour le même poids d'or, tandis qu'il exigeait plus d'argent.

» Mais les ministres de Louis XIII ne s'occupaient de cette diminution du pouvoir d'achat de l'argent que pour maintenir le rapport de valeur entre les deux métaux et empêcher la hausse de l'or. Les ordonnances se succèdent pour atteindre ce but chimérique et se contredisent ; les parlements, les cours des monnaies interviennent, mais sans succès, et les marchands sont obligés d'éluder la loi pour suivre le cours des métaux, le cours commercial, qui n'est pas le cours légal. La confusion et le désordre augmentaient par la multiplicité des monnaies étrangères, et, qui pis est, par la quantité de fausse monnaie introduite dans la circulation [1]. »

De tout temps on a beaucoup discuté sur la nature de l'étalon monétaire. Il est certain que si la production de l'or et celle de l'argent étaient d'une régularité, d'une uniformité comparable, on devrait donner la préférence à l'or, d'une valeur plus grande sous un moindre volume, d'une dureté qui permet aux pièces de résister mieux à l'usure ; à l'or, inaltérable aux agents atmosphériques.

Mais la production de ce métal, depuis un siècle, a subi des variations brusques; sa valeur, relativement à l'argent,

[1] Voyez Appendice, note B.

s'est modifiée à plusieurs reprises. Cela, soudainement, comme par coups inattendus, lors de la découverte des *placers* californiens, puis des gisements d'Australie.

Adopterons-nous l'or, néanmoins, comme matière de la monnaie normale, en restreignant les pièces d'argent au rôle de monnaie d'appoint? C'est la solution des Anglais, depuis 1816. C'est la solution allemande depuis 1871 [1] : l'étalon simple, en un mot; ou, pour emprunter une expression plus barbare et moins claire : le monométallisme.

Lancerons-nous parallèlement dans la circulation des monnaies d'or et des monnaies d'argent, en réglant le poids des unes et des autres de manière à les mettre en rapport approximatif avec leur valeur! C'est la méthode de l'an XI; c'est l'étalon double, ou, pour parler le langage moderne : le bimétallisme.

En 1858, existait au Japon un système assez curieux : la plus forte pièce de monnaie était le *kobang,* disque ovale ayant cours dans le pays pour 4 *itzibus* d'argent. Mais le kobang, pour des étrangers, contenait pour 23 francs d'or, tandis que l'itzibus ne renfermait que pour 1 fr. 70 d'argent environ. Dès qu'un traité eut ouvert aux Anglais et aux Américains le commerce du Japon, les premiers arrivés rencontrèrent une source de profits bien étonnante : en achetant les kobangs au taux du pays, ils triplaient leur capital! Il n'y eut bientôt plus de kobangs. Inconvénients d'un bimétallisme mal entendu.

---

[1] Un seul Etat occidental a récemment adopté (en 1850) l'argent comme métal-étalon : la Hollande.

En Angleterre, au siècle dernier (1717), le gouvernement ayant à fixer l'équilibre du change entre l'or et l'argent, décida que la guinée (or) vaudrait 21 schellings (argent). Il évaluait l'or trop haut de 1 1/2 0/0 environ ; il en résulta que les gens ayant des paiements à faire l'employaient de préférence.

L'argent, banni ainsi petit à petit de la circulation, était devenu si rare qu'en 1816 on ne trouva rien de mieux à faire que d'ériger l'or en unique monnaie légale, l'argent n'étant plus qu'une monnaie d'appoint, pouvant être refusée au-delà de deux livres sterling.

En France, eut lieu le phénomène exactement contraire.

Avant 1785, époque où l'on refondit les monnaies d'or, le louis était évalué officiellement 24 livres, quand il valait en réalité 1 livre 1/2 de plus. Aussi, toutes les fois qu'on le pouvait, payait-on en argent, pour ne donner que 24 livres là où en s'acquittant en or on eût donné 25 livres 10 sous.

L'argent s'empara ainsi de la circulation, et le législateur, adoptant le franc pour unité monétaire, sanctionna simplement le fait.

Mais le même législateur eut soin de faciliter l'emploi de l'or pour les payements importants, en établissant avec le plus d'exactitude possible la relation entre les deux métaux, relation se traduisant désormais par cette remarque légale : un kilogramme d'or vaut 15 kilog. 1/2 d'argent du même titre [1].

[1] Actuellement (1882), les lois monétaires des divers Etats éta-

Depuis germinal an XI, le rapport de valeur entre l'or et l'argent n'a pas cessé de varier. Il baissa, d'abord. Puis un mouvement de bascule se produisit ; mouvement de hausse qui s'accentua vivement lorsque l'Allemagne, en 1871, grâce à nos cinq milliards exigés *en or,* démonétisa son argent pour devenir un Etat monométalliste.

D'énormes masses du métal rebuté, alors, se trouvèrent lancées dans le commerce. L'argent à neuf dixièmes ne valut, payé en or, que 180, que 170 francs le kilogramme. On porta à l'hôtel des Monnaies français de vieux thalers achetés à 180 fr. le kilo ; celui-ci rendait 200 francs, — ou plus exactement 198 fr. 50, en tenant compte du prix de fabrication, fixé à 1 fr. 50 par kilog. d'argent monnayé. — Bénéfice net : 18 fr. 50 sur 180 fr., soit 10 0/0 environ. Le jeu, comme on dit, valait la chandelle ! Bientôt nous subîmes une véritable inondation de pièces de cinq francs.

Et voyez la situation : un négociant de Paris doit, j'imagine, 180 fr. à un négociant de Londres. Le paiement, devant s'effectuer là-bas, s'opérera en monnaie légale

---

blissent les rapports suivants entre la valeur de l'or et celle de l'argent, sous le même poids et le même titre :

Pays-Bas	15,625	
Turquie..............	15,09	
Tunis	15.88	
Perse................	13,60	
Inde anglaise	15,00	Ici, l'étalon est la roupie d'argent (2 fr. 37 environ).
États-Unis............	15,98	
Mexique	16,00	
Chili	16,38	

Voyez, pour plus de chiffres, l'ouvrage de M. de Malarce, *Monnaies, poids et mesures* des divers États du monde.

anglaise, en or. Mais les clients de notre compatriote ne lui apportent que des écus. Celui-ci se voit obligé de se procurer de l'or, et, pour les 180 fr. dont il est débiteur, de prélever 200 fr. sur les écus de sa recette !

Franchissons le détroit, maintenant ; l'Anglais doit 200 francs au Parisien. Moyennant 180 francs en or, il se procure 200 francs d'écus et les envoie à Paris, où, en vertu de la loi nationale, force est bien à notre ami de les accepter.

Dans l'un et dans l'autre cas, perte pour le Français et peut-être appauvrissement à courte échéance.

Des difficultés de ce genre ne pouvaient s'éterniser sans préjudice sérieux.

Comment procéda le gouvernement de la République ? En 1877, il ferma l'hôtel des monnaies aux lingots d'argent. En 1879, il généralisa la même mise en interdit en en provoquant l'insertion dans le traité monétaire de l'Union latine [1].

Jusqu'à nouvel ordre, nul ne peut faire monnayer de lingots d'argent. Les vieux thalers, s'il en reste, iront chez le bijoutier.

La France, par-là, a-t-elle abjuré le bimétallisme ?

Non, puisque la loi de l'an XI n'est pas abrogée.

Que la situation se retourne ; que l'or éprouve une surproduction, que l'argent se raréfie, et peut-être un jour la Monnaie de Paris se rouvrira-t-elle à l'argent, — et qui sait ? peut-être même en se fermant à l'or.

---

[1] Voyez l'article 9 de la Convention, pièce A, Annexes.

En somme, l'État français est-il monométalliste ? Est-il bimétalliste ? — Ni l'un, ni l'autre.

Il est, si l'on consent à forger une expression à elle seule aussi barbare que ces deux adjectifs pris ensemble, il est *monobimétalliste*... Ou, si l'on préfère, il pratique le monométallisme alternatif.

En principe, il admet les deux étalons. En fait, un seul à la fois domine. Cet étalon simple est actuellement l'or, lequel, d'ailleurs, possède une prépondérance absolue dans l'ensemble des capitaux du pays.

Prépondérance depuis longtemps affirmée. A ne considérer en effet que la période antérieure à la guerre franco-allemande, de 1853 à 1868, la Monnaie de Paris a frappé 368 millions en argent, contre 5 milliards 740 millions en or. Près de seize fois plus !

CHAPITRE IV

L'avare et le prodigue. — Art et industrie. — Les monnaies symboliques. — Cheval phénicien et cheval gaulois. — La monnaie à Rome. — Un calembour césarien. — La fonte des pièces. — La frappe au marteau. — Agnels, angelots et testons. — Le balancier. — Les bonnes monnaies. — Ce que c'est que l'habitude ! — Deniers cisaillés et thalers levantins.

On connaît le classique dialogue entre le prodigue et l'avare :

— L'argent est rond, dit l'un ; il est bon pour rouler !

— L'argent est plat, dit l'autre, et fait pour s'empiler.

C'est celui-ci qui a fini par avoir raison. L'argent n'a pas cessé d'être rond, mais il est devenu surtout plat. Les directeurs de la Monnaie, obéissant, comme ils le devaient d'ailleurs, aux sentiments manifestés par le public, lui servent une monnaie dépourvue de relief, mais fort commode à mettre en piles et en rouleaux.

Nous sommes loin, aujourd'hui, de ces belles pièces, soigneusement fondues, patiemment frappées au marteau, que les numismates recueillent et classent avec une sollicitude presque amoureuse.

Les monnaies actuelles, avec leur relief presque nul, leurs profils à peine dessinés, la teinte uniforme résultant du défaut de saillies et de creux, n'éveillent que des idées médiocrement artistiques. Elles sont accommodées au goût du siècle et constituent, purement et simplement, des agents ou si l'on veut des engins de commerce.

La plus grande précision est exigée, en ce qui concerne le titre, le poids, le module, l'épaisseur des pièces ; aucune n'est jetée dans la circulation sans avoir reçu, en quelque sorte, le visa d'une commission gouvernementale. Les pièces rebutées et remises au creuset augmentent les frais dans une notable proportion.

Mais, d'un autre côté, la constance des types, la fixité de notre monnaie depuis trois quarts de siècle, les perfectionnements apportés aux divers mécanismes en jeu, la rapidité de l'exécution, tendent à rendre de plus en plus courantes les manipulations effectuées, et devraient faire remplacer le nom d'*hôtel* par celui d'*usine* des monnaies.

Le caractère industriel de la confection des pièces d'or, d'argent et de bronze, en un mot, s'est singulièrement accusé. L'art y a perdu.

Les plus diverses manifestations de l'art — constatons-le en passant — semblent se tenir par des liens étroits. Tout comme la peinture, la sculpture, l'architecture, et, pourrait-on ajouter, à des époques à peu près correspondantes, l'art monétaire a son enfance, son développement, ses phases alternatives d'éclat et de décadence.

De quoi s'agit-il principalement? D'éviter les pesées de métal précieux. On en façonne d'abord des objets de forme simple, le plus souvent des anneaux. Certaines peintures égyptiennes représentent des personnages occupés à peser des bagues ; des vérificateurs, sans doute. Les Bretons, nous apprend César, portent des bagues en fer d'un poids déterminé et s'en servent comme d'une monnaie. — Plus tard, pour certifier le poids des pièces, l'on a recours au sceau du souverain ou des principaux magistrats. Le sceau est le symbole ordinaire du témoignage public fourni par l'autorité. Il constituera une sorte de poinçon de garantie, tel que nous le retrouvons encore chez l'orfèvre.

L'art débute alors par des empreintes symboliques : dans l'Athènes du fabuleux Thésée, c'est l'image d'un bœuf, emblème d'abondance ; peut-être aussi métamorphose, par le dessin, de l'étalon monétaire d'un peuple pasteur. En Phénicie, c'est un cheval, témoignage de l'estime particulière accordée par les Phéniciens à cette noble conquête de l'homme. A Égine, on marque d'une tortue ; à Thèbes, d'un bouclier.

Médaille d'or de Vercingétorix.
(La légende incomplète ne laisse voir que la fin du nom).

Plus tard, après que les Doriens ont fondé en Afrique la belle colonie de Cyrène, on trouve, au revers des monnaies cyrénaïques, le *silphium,* la plante médicinale aux effets ultra-merveilleux et l'un des objets principaux du commerce de la colonie.

Chez les anciens Gaulois, on rencontre sur les monnaies, comme chez les Phéniciens, un cheval. Mais dans le coursier gaulois, s'élançant au galop sans bride ni mors, il est

Monnaie de Thémistocle comme seigneur de Magnésie.
(L'une des villes à lui concédées par Artaxerce).

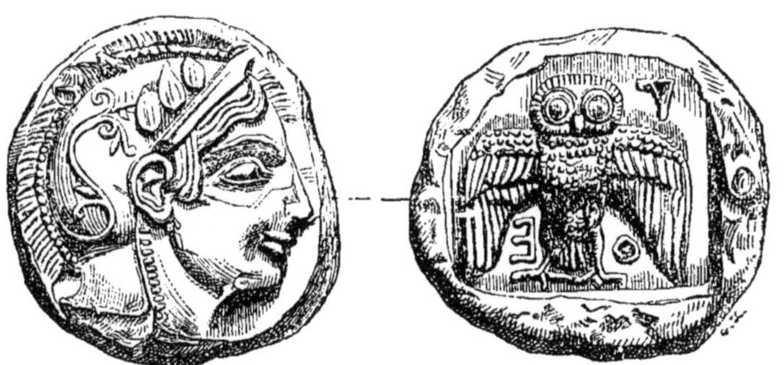

Décadrachme d'Athènes (argent).
(L'œil, dessiné de face sur la figure vue de profil, trahit l'influence de l'art oriental sur cette très ancienne pièce).

Tétradrachme d'Athènes.
(Au revers, on voit la Minerve de Phidias).

permis de reconnaître l'emblème de la fière indépendance de nos aïeux et de leur culte de la liberté.

Plus tard, en Grèce, l'art se perfectionne. D'anciens types subsistent, pourtant. « Tu as un bœuf sur ta langue ! » continue-t-on à dire ironiquement à l'orateur qui, chargé de plaider un procès, s'est fait payer pour rester coi. Parmi les empreintes commencent à apparaître des têtes humaines, souvent des portraits. Les types se multiplient et, plus rapprochés de nous, nous laissent en même temps des vestiges et plus nets, et plus nombreux. Témoin cette figure féminine imprimée sur les monnaies de Syracuse, figure dont se sont inspirés les artistes français, pour dessiner et graver les pièces à l'effigie de la République de 1848.

Bientôt, les monnaies étrangères, les monnaies asiatiques surtout, envahissent le commerce grec. C'est l'époque où le roi Agésilas battant en retraite s'écrie : « Trente mille *archers* m'ont obligé d'abandonner l'Asie ! » désignant par là l'empreinte des pièces frappées au coin du roi de Perse et distribuées aux orateurs politiques de Thèbes et d'Athènes [1].

A Rome, les progrès sont plus lents. Les monnaies, d'abord, se bornent à de lourds morceaux de métal, grossièrement découpés en rectangles. Des linéaments d'une exécution toute primitive : un bœuf, un mouton, quelquefois un éperon de navire, mettent sur ces plaques le signe du numéraire.

Avec Tarquin le Superbe, des velléités de luxe se manifestent ; mais après l'expulsion des rois, l'austérité des mœurs, la frugalité de l'existence, le mépris des richesses

[1] Plutarque, *Dits des Lacédémoniens*.

sont, en quelque sorte, officiellement décrétés. L'or et l'argent sont interdits, comme à Sparte, sauf en ce qui touche quelques catégories de bijoux, insignes de certaines fonctions. Deux cents ans plus tard, la loi sera encore observée à ce point qu'un citoyen deux fois honoré du consulat, Cornélius Rufinus, se verra chassé du Sénat pour s'être permis de posséder dix livres d'argenterie.

Ainsi, pendant des siècles, l'*æs grave,* la pesante monnaie de cuivre, s'accumule chez les riches; on empile les lingots pêle-mêle avec les œuvres d'art rapportées des provinces conquises. Ces statues d'airain constituent, elles aussi, du capital. Le cuivre s'avilit par l'abondance. Peu à peu, alors, on se déshabitue de le manier : c'est si lourd ! Par la force des choses, les monnaies d'argent étrangères commencent, bien que non légales, à circuler. Bientôt, l'argent remplace le cuivre dans tous les payements de quelque importance. A telles enseignes que les plébéiens qui avaient reçu un prêt en cuivre avili se trouvent un beau jour devoir cinq fois plus qu'ils n'avaient emprunté. Les débiteurs réclament ; le Sénat répugne à faire droit à leurs réclamations, jusqu'au jour enfin où, après les désastres de Drépane et de Lilybée, sous le coup d'une véritable terreur, pressé par la nécessité de mettre un terme à ses dissensions avec le peuple, le Sénat se décide à réduire l'*as* au sixième de son poids primitif, à créer le *denier* d'argent de 10 as, avec son quart, le *sesterce,* et à rompre par là avec tout l'ancien système [1].

Deux siècles et demi seulement avant notre calendrier,

[1] Voyez Germain GARNIER, *Histoire de la monnaie dans l'antiquité.*

la manutention des monnaies donne lieu à l'organisation d'un service public. Encore ce service n'est-il point considéré comme offrant une importance extrême, car c'est à des jeunes gens, d'habitude, qu'on le confie.

Une magistrature de début, pour les fils de famille désireux d'entrer dans la vie publique.

L'institution, par contre, revêt, dans ses actes matériels, des formes d'une certaine solennité. C'est sous l'invocation de Junon qu'on la place, et c'est le propre temple de la déesse qui devient l'hôtel des Monnaies.

Les monnaies romaines offrent des ressources précieuses au fureteur épris de l'antiquité latine. Elles reconstituent, à ses yeux, la chronique des temps jadis, corroborent ou critiquent l'histoire et même, par occasion, résument de simples anecdotes.

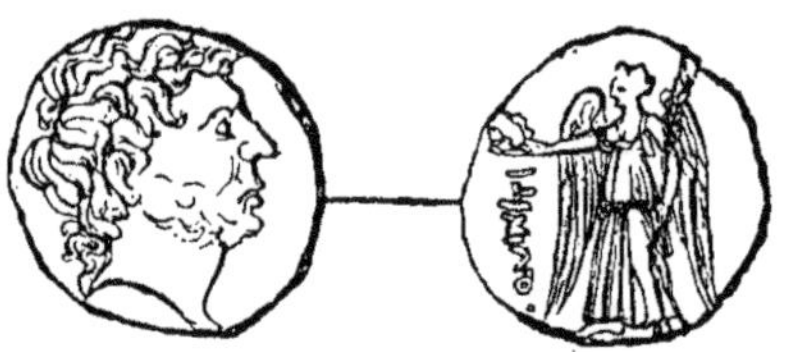

Statère d'or représentant T. S. Flaminius, Romain célèbre pour avoir vaincu le roi de Macédoine Philippe III.

(Monnaie frappée, croit-on, par quelque ville grecque, en l'honneur du vainqueur de Philippes).

Les jeunes magistrats, auxquels le temple de *Juno moneta* était dévolu, jouissaient en effet du droit d'emprunter à leurs familles respectives le nom, la devise ou l'image d'un ancêtre glorieux. Glorieux est pris ici dans sa plus large sinon dans sa plus haute acception. Pour se trouver reproduit sur l'argent ou le bronze, il suffisait que ce grand-père eût accompli quelque prouesse, érigé quelque monument ou simplement occupé quelque grosse charge.

Monnaie d'or ou *aureus* représentant Marc-Antoine et sa femme Octavie.

Les monnaies, ainsi, devenaient autant de médailles commémoratives. Elles transforment chaque collection, aujourd'hui, en un véritable musée biographique et pittoresque.

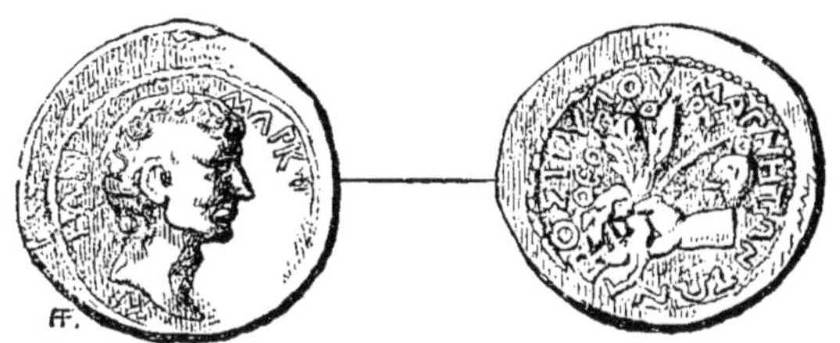

Monnaie antique avec le portrait et le nom de Cicéron.
(Il s'agit sans doute de Cicéron le fils, qui fut proconsul en Lydie).

Une condition, toutefois, restait imposée aux fonctionnaires précités : s'il leur était loisible de lancer dans la circulation le souvenir de leurs aïeux, il leur était interdit formellement de mettre en jeu leur personnalité propre. Un seul, permi eux, osa enfreindre la règle : César. Encore se vit-il obligé de recourir à un artifice, et, s'il viola la loi, ce fut en s'abritant derrière un calembour, ou, si l'on préfère, un rébus. Ses monnaies présentèrent un éléphant en relief. César, — ou mieux *Kaisar*, — est le nom de l'éléphant, en phénicien.

Les empereurs, eux, n'eurent pas à garder les mêmes ménagements. Ils firent franchement graver leurs portraits ; parfois, celui d'un dieu quelconque. La figure occupait le *droit* de la pièce. Au revers, trouvait place la mémoire de quelque événement important : proclamation d'une loi nouvelle ou construction monumentale. Le numéraire offre tour à tour, de la sorte, l'histoire de chaque règne. Histoire épisodique, surtout, et riche en menus détails. Qu'on en juge : 522 types différents nous retracent l'époque d'Auguste ; 278 se rapportent à Néron ; 506 racontent Vespasien ; 1119 correspondent à Adrien ; 823 à Marc-Aurèle.

C'est presque de l'imagerie scolaire.

Est-ce à dire que le déchiffrage en soit toujours facile ? Loin de là. Cette imagerie, en plus d'un cas, se montre quasi-hiéroglyphique. La sagacité des numismates y trouve largement de quoi s'exercer. Je n'en veux pour preuve que cet extrait d'un compte-rendu de séance de l'Académie des inscriptions et belles-lettres :

« M. Ch. Robert met sous les yeux de l'Académie le dessin d'un médaillon contorniate de sa collection, qui n'a pas encore été expliqué d'une manière satisfaisante. La pièce est du quatrième siècle ; d'un côté elle présente la tête laurée de Néron, de l'autre une machine composée de deux montants verticaux, traversés à mi-hauteur par un axe horizontal, auquel est fixé un vase à col étroit. Dans le bas, une traverse à festons montre trois boules. A droite et à gauche de l'appareil un *auriga* (cocher) est debout, tenant d'une main son fouet, de l'autre main l'axe horizontal, comme pour agiter ou faire tourner le vase. Derrière la machine un personnage, également debout, élève une boule de la main droite.

» Sabatier prenait les boules pour des lampes ; Cavedoni croyait voir un orgue dans l'appareil ; avec une vraisemblance qui touche à la certitude, M. Robert reconnaît dans cette scène le tirage des places qui se faisait au Cirque entre les factions avant la course des chars.

» Ce tirage, suivant la description de Constantin Porphyrogénète, doit avoir lieu solennellement sous la surveillance du *silentiaire;* de nombreux fonctionnaires y assistent. L'urne est d'abord placée au milieu du tribunal. Le délégué de chacune des factions dépose, à un endroit qui lui est réservé, deux boules dans l'appareil contenant l'urne. Un inspecteur se place debout au centre, prononce les formules requises, et met les quatre boules dans l'urne. L'urne est agitée et laisse chaque fois tomber une boule. C'est la quatrième qui est la bonne. Les rangs sont ensuite proclamés et chaque faction souhaite la victoire aux siens par des acclamations et des prières qu'accompagne l'orgue.

» Cette interprétation du médaillon s'applique à un bas-relief concernant une représentation du Cirque, trouvé à Constantinople et décrit en 1845 par M. Texier. Dans le premier compartiment, on voit gesticuler des mimes ; on remarque ensuite une machine analogue à celle du médaillon ; un seul homme fait tourner le vase, l'inspecteur est absent ; le second personnage est un cocher qui agite son fouet. M. Texier avait pris le vase pour une cloche (malgré la boule qui en sort), et le cocher pour un sonneur armé d'un fléau. Le troisième compartiment du bas-relief est réservé au départ des chars ; le quatrième présente un intermède scénique avec accompagnement de flûtes ; le cinquième montre l'arrivée au but et la remise d'une palme au vainqueur.

» Cette lumineuse interprétation confirme la théorie émise depuis longtemps par M. Ch. Robert, et suivant laquelle les sujets des médaillons contorniates doivent être rapportés aux jeux du Cirque [1]. »

Chez nous, sous les rois de la première race, on empruntera à Rome la forme des monnaies.

Suivant les numismates les plus autorisés, au surplus, le monnayage, sous les Mérovingiens, ne constitue pas un symbole de la souveraineté. Le fait s'explique aisément. Sous le Bas-Empire, les monnayeurs formaient une corporation, où, dans chaque famille, *familia monetalis,* la fonction se transmettait par hérédité [2]. Au moment de la désorganisation de l'Empire d'Occident, trois ateliers monétaires principaux existaient en Gaule : Lyon, Arles, Narbonne. Les monnayeurs se trouvèrent conduits à substituer au nom de l'empereur, sur les pièces, leur propre nom. Les populations s'habituèrent à se contenter de cette garantie. Le nombre des ateliers augmenta, les ouvriers

---

[1] *Journal officiel* du 1er mai 1882.

[2] Voyez *Revue numismatique,* 1re série, tomes I, XIII, XV, XVIII.

monétaires jouissant, autant que l'on a pu s'en convaincre, d'une complète liberté dans l'exercice de leur profession. — Profession, soit dit en passant, qui paraît assez humblement classée dans l'échelle sociale : les monnayeurs, selon toute vraisemblance, étaient en même temps des orfèvres, pour la plupart ; or, la loi dite : « des Allemands » taxait le

(AUTUN) (TROYES)

Tiers de sol d'or mérovingiens.

meurtre d'un orfèvre à quarante sous ; exactement le tarif appliqué au meurtre d'un cuisinier ou d'un gardeur de moutons ! — Quoi qu'il en soit, les empreintes, sur les

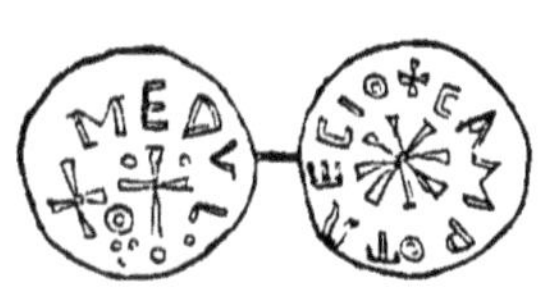

Tiers de sol d'or sans effigie et sans nom de roi.

Tiers de sol d'or de Clovis Ier.

pièces mérovingiennes, redeviennent barbares, et dans le relief et même dans l'invention. Beaucoup nous offrent des emblèmes grossiers ou de burlesques caricatures. Il faut parvenir jusqu'à Charlemagne pour rencontrer la rose, l'écusson ou l'agneau, qui bientôt donneront leur nom au type de la pièce.

En ces temps, au surplus, rien de moins compliqué que l'industrie monétaire.

Deux instruments suffisaient : un moule, un marteau.

Quelquefois, les pièces étaient simplement fondues, le métal étant jeté liquide dans des moules en terre cuite donnant à la fois la face et le revers. Ces pièces, très imparfaites, se reconnaissent aisément aux inégalités de

Ouvrier monétaire représenté sur un vitrail de l'église Saint-Georges de Bocherville (Loire-Inférieure), du XIe siècle.

L'ouvrier tient un marteau de la main droite et s'apprête à en frapper le coin que tient sa main gauche. Un morceau de métal, taillé et arrondi, placé sur l'autre coin que porte le billot, est prêt à recevoir l'empreinte.

leur surface, aux bavures des bords, à l'incertitude des contours.

Pour les pièces frappées, on fondait d'abord le *flan,* ou disque métallique devant recevoir l'empreinte ; puis on le plaçait entre deux coins, morceaux d'acier gravés en creux, le coin inférieur ou *trousseau* devant fournir le revers, le coin supérieur ou *pile* donnant le droit ; l'ouvrier frappant ensuite à coups de marteau, le flan recevait à la fois les deux images.

MONNAIES MÉROVINGIENNES.

Sol d'or de Childéric II.

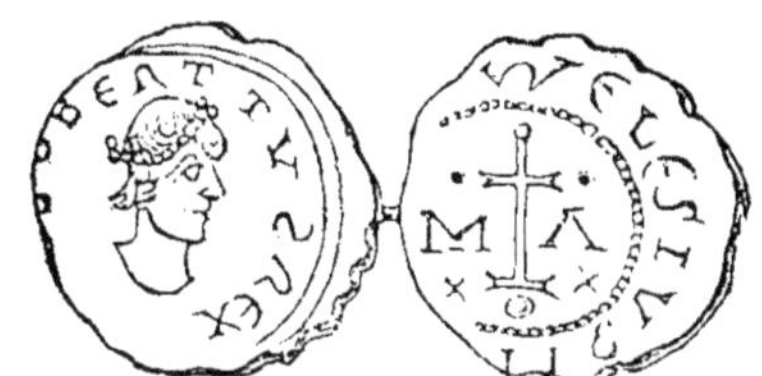

Sol d'or de Dagobert frappé par Éloi.

Sol d'or de Théodebert Ier.

Face. — Buste du roi, vu de face, cuirassé ; la tête couverte d'un casque ou d'une couronne, tenant de la main droite le javelot appuyé sur l'épaule, le bras couvert d'un bouclier. (Lég.) DN THEODEBERTUS VICTOR, « notre maître Théodebert, vainqueur. » Les empereurs d'Orient et d'Occident étaient fort jaloux du titre de D(*ominus*) N(*oster*) qu'on remarque sur presque toutes leurs monnaies. Peu de rois de France l'ont adopté ; mais il a fini par descendre jusqu'aux simples gentilshommes, et aux moines, qui ont fait précéder leurs noms de l'abréviation Dom ou Don.

Revers. — Victoire (ou ange) aux ailes à demi déployées tenant de la main droite une croix, et de la main gauche un globe surmonté d'une croix. Cet emblème de l'étendue de la domination du prince et de la religion chrétienne, que Théodose, ses successeurs, et Justinien avaient ajouté sur leurs monnaies, est devenu, par la suite, très usité. Il a été adopté comme insigne, jusqu'à nos jours, par plusieurs souverains, particulièrement par ceux qui ont pris le titre d'empereur.

MONNAIES CARLOVINGIENNES.

Denier d'argent de Pépin (droit : *PIPINUS* ; revers : *Rex Francorum*)

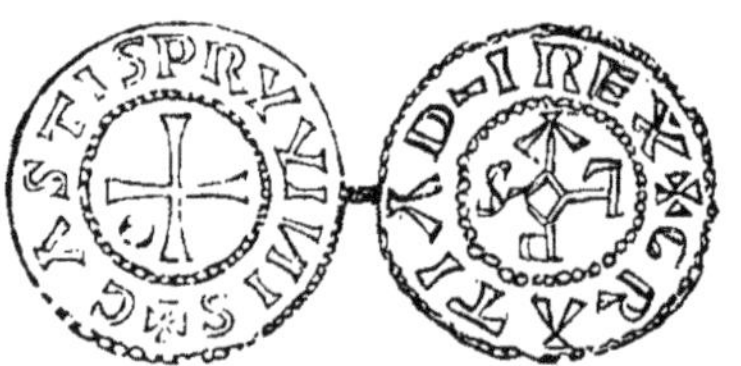

Denier d'argent de Louis IV d'Outremer.

Ces diverses dénominations : flan, trousseau, etc., se sont transmises jusqu'à nos jours. On les applique encore aux objets correspondants, dans le mode actuel d'opérer.

Le procédé peu expéditif que nous venons de rappeler resta en usage jusqu'aux premières années du règne de Louis XIV, avec quelques perfectionnements toutefois. Ainsi, au lieu de les fondre, on était arrivé à couper les flans, à l'aide d'une vigoureuse cisaille, dans des barres d'or ou d'argent arrondies à la forge.

Ainsi furent fabriqués les *agnels* et agnelets, portant comme empreinte un agneau; les angelots (un ange) ; les écus, vers 1430 (revêtus d'un blason) ; les liards (du sieur de Guigne Liard, qui les mit en circulation).

Agnel d'or de Louis IX.

Angelot de Philippe VI.

Écu à la couronne (Charles VI).

Ainsi furent également frappés les premiers *testons*, présentant la tête des souverains, sous Louis XII.

Un peu plus tard, sous Henri II, on frappa encore quelque temps, par la même méthode, les pièces sur lesquelles on commença à inscrire régulièrement le millésime,

Teston d'argent de François Ier.

pièces dites *parisis, tournois* ou *bourgeois,* selon qu'on les avait fabriquées à Paris, Tours ou Bourges.

Monnaie de Charles VIII frappée en Italie.

Du côté principal, ou face, on voit l'écusson aux armes de France, surmonté d'une couronne royale ouverte ; la légende est : CHARLES ROI DE FRE. En bas, un K. initiale du nom du roi, entre deux étoiles. Au revers, dans une rosace, les armoiries parlantes de la ville d'*Aquila*, un aigle, et la légende : « CITÉ DE LEIGLE » avec une croix au commencement.

Fait singulier : la première monnaie française avec légende en français ne prit point naissance sur le sol national, mais dans le royaume de Naples, durant l'éphémère conquête de Charles VIII.

« La ville d'Aquila ou de l'Aigle, dans l'Abruzze, fut la première qui se déclara pour le roy. Ferron dit qu'à cause

Franc d'argent du Charles X de la Ligue (le cardinal de Bourbon).

de cela il luy accorda beaucoup de privilèges, et entre autres celui de battre monnoye. »

C'est Le Blanc qui parle ainsi dans son *Traité historique*

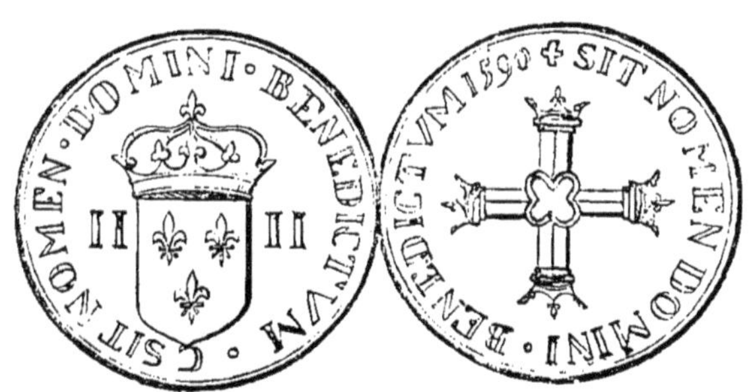

Quart d'écu (argent) du parti des Politiques.

des monnoies de France, publié en 1690 (page 316). Il ajoute : « J'ai trouvé trois pièces de cette monnoye ; la première paroistra assez singulière à cause de la légende mise en françois par une ville italienne, pendant que nous la mettions en latin sur les nostres. Sans doute cette ville en usa ainsi afin de marquer combien elle estoit bonne Françoise. »

Ne nous attardons pas davantage à enregistrer les multiples dénominations désignant les monnaies d'autrefois ; il nous faudrait imprimer tout un vocabulaire.

Ce n'est pas l'un des moindres bienfaits de la Révolution, que d'avoir mis de l'ordre dans l'incroyable chaos des poids et mesures.

Disons seulement qu'en 1837, à l'époque où, de par une loi pénale, le système métrique décimal était rendu obligatoire dans toute la France, il restait en circulation, ayant cours régulier dans les transactions commerciales, *soixante* types de monnaies d'or et *quatre-vingt-dix* types de pièces d'argent.

A l'antique procédé de la frappe au marteau, succéda l'emploi du balancier. Le balancier est incontestablement l'engin qui fournit les plus belles empreintes.

Le balancier, inventé en France, sous Henri II, par le mécanicien Aubry Olivier suivant les uns, par Brucher d'après quelques autres, reçut de Nicolas Briot, tailleur général des monnaies sous Louis XIII, tous les perfectionnements capables d'en rendre pratique l'emploi. Briot, même, provoqua, à l'égard de la nouvelle machine, une expertise. On reconnut qu'elle accomplissait le travail de dix ouvriers. C'en était assez pour soulever la corporation. Rebuté, Nicolas Briot, comme tant d'autres depuis, transporta son invention et ses idées en Angleterre où on les accueillit immédiatement. Ce fut le balancier français refusé en France, qui, à Londres, frappa les belles monnaies de Cromwell.

A Paris, vers 1640 seulement, sous l'influence du chancelier Séguier, l'on se décida à abandonner les méthodes empruntées aux temps antiques.

Le progrès général aidant, le procédé légué par les Romains se transforma dans une large mesure.

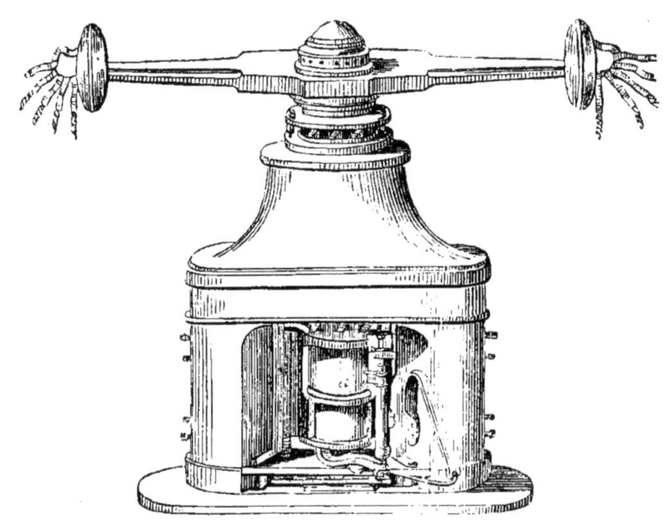

Balancier monétaire.

Au lieu de la forge, on se servit du laminoir, le métal précieux étant désormais réduit en lames et non plus arrondi en barres.

A la place de l'énorme cisaille à découper les flans, un mécanisme d'emporte-pièce tailla ces rondelles dans les lames préparées au préalable.

Les flans, dont le poids se trouvait obtenu, par ce moyen, avec une approximation beaucoup plus précise, étaient alors soumis à l'action du balancier, lequel, sauf les dimensions, est assez exactement représenté par celui dont se servent la plupart des graveurs, pour mettre des caractères en relief sur un grand nombre de feuilles de papier à la fois.

Une vis, dont l'écrou est fixe, a la tête traversée par un levier muni à ses extrémités de deux lourds boulons. Le bout inférieur de la vis porte le coin d'acier où se trouve, en creux, l'image à reproduire. Un autre coin, supporté par le socle, donne le revers.

La pièce est placée sur le coin inférieur, le trousseau. Un rapide mouvement de rotation imprimé à la vis, à l'égard de laquelle le levier à boulons fait office de volant, la fait descendre avec violence; la pièce, ainsi soumise à un choc puissant, reçoit à la fois le revers et la face.

Le monnayage s'est effectué exclusivement au balancier jusqu'en 1846. Il a fourni des espèces dont un grand nombre de types sont aujourd'hui recherchés et soigneusement collectionnés par les amateurs, admirateurs de la netteté du relief et de la précision des contours.

A l'hôtel de Tower-Hill, à Londres, les monnaies anglaises continuent à venir au monde par le procédé de l'estampage au balancier, ou, comme ils disent là-bas, au « moulinet ».

Ce culte des vieux us, cher à nos voisins, choque pourtant leurs économistes.

« Que penserions-nous, s'écrie M. Stanley Jevons [1]; que penserions-nous d'une compagnie pour la filature du coton,

[1] *La monnaie et le mécanisme de l'échange.*

qui se proposerait d'employer les machines et l'outillage d'Arkwright, et des moteurs fabriqués dans les ateliers de Soho par Boulton et Watt? Cependant la nation reçoit encore ses monnaies de balanciers qui furent construits réellement par Watt et Boulton, bien que des presses beaucoup plus commodes aient été inventées depuis et appliquées dans les ateliers monétaires de l'étranger et des colonies! »

Dans le choix du procédé, le côté artistique de la question n'est pas seul en jeu. L'on dirait volontiers, en parodiant un mot célèbre : « Une belle monnaie est un bijou; une bonne monnaie est un trésor. » Une bonne monnaie est celle qui, non seulement, répond par son titre et son poids à la valeur que la loi lui attribue, mais aussi se distingue, par des caractères précis, de toutes les contrefaçons que des fraudeurs pourraient s'efforcer de jeter dans la circulation.

L'éclat des métaux précieux ne tarde pas à se ternir; le poids des pièces peut être imité. Leur sonorité éclatante est un signe distinctif. La netteté des empreintes en constitue un autre. Le faux-monnayeur ne peut introduire dans ses manipulations les modes perfectionnés dont dispose l'Etat : du moins lui faudrait-il, pour mettre en œuvre un outillage analogue, engager un capital dont la possession s'accorde mal avec l'envie de risquer les galères. Où, d'ailleurs, établir un pareil outillage clandestinement?

Une bonne monnaie doit donc offrir des images d'un dessin achevé, avec des complications de linéaments devant lesquelles l'imitateur reste voué à l'impuissance.

Il convient, d'autre part, d'éviter la multiplication des types monétaires en usage dans un pays. L'habitude, ici comme ailleurs, exerce sa tyrannie terrible. En général, on accepte la monnaie, simplement parce qu'elle se présente sous un aspect familier. Toute marque inconnue est suspecte. L'unique souci de qui reçoit la pièce est de s'enquérir du nom et du nombre des compatriotes qui l'ont eux-mêmes reçue sans difficulté. En plus d'une occasion, pour ne point troubler des habitudes invétérées, pour éviter des débats oiseux, on a frappé des pièces à l'effigie d'un souverain mort. — En Autriche, on frappe encore le thaler de Marie-Thérèse, avec le dessin et la date de 1780. Pourquoi ? Parce que telle est la monnaie favorite dans certaines parties de l'Afrique septentrionale et dans quelques provinces du Levant !

Cette force de l'habitude a pu même, parfois, prêter aide aux faux-monnayeurs. A l'époque des consuls romains, des fraudeurs s'avisèrent d'introduire, parmi les populations ignorantes de la Germanie, des deniers *fourrés,* c'est-à-dire déguisant une rondelle de métal vil entre deux feuilles d'argent. L'idée vint aux intéressés d'y pratiquer des entailles pour découvrir la supercherie ; si bien que les pièces entaillées paraissant les seules capables d'inspirer confiance, les Germains n'en voulurent plus d'autres. Le Sénat se vit obligé d'émettre de la monnaie à entaille ! — Les faussaires en furent quittes, bien entendu, pour fabriquer des deniers dont l'entaille laissait apercevoir le métal pur.

Fort heureusement, nous n'en sommes plus là.

A l'hôtel du quai Conti, le balancier ne sert plus qu'à

frapper les médailles commémoratives d'événements plus ou moins dignes d'être inscrits sur le « bronze impérissable », médailles de sauvetage, médailles pour décorations, médailles de piété, ou même simples jetons de présence pour sociétés littéraires, financières et conseils administratifs.

C'est effectivement à l'hôtel des monnaies que s'opère toute cette fabrication, laquelle n'est pas l'une des branches les moins productives de l'industrie qu'on y exerce.

Les médailles de sainteté, à elles seules, représentent chaque année non des milliers, mais des millions de coups de balancier. Il suffit de consulter le registre de sortie qui s'y rapporte pour se faire une idée du chiffre d'affaires considérable, par lequel se traduit le commerce de ces menus objets ronds, ovales ou découpés en cœur.

Il ne faudrait, en revanche, y chercher aucune préoccupation artistique. La Monnaie, quand elle le veut, sait cependant produire des œuvres d'art de premier ordre, et chaque année il en sort des médailles dont quelques-unes peuvent passer pour de remarquables spécimens de l'art de l'estampeur.

Fermons ce préambule, qui nous dispensera de revenir sur une partie des travaux s'accomplissant à l'hôtel du quai Conti. Venons-en à ce qui constitue, à proprement parler, le monnayage ; et, pour mieux résumer la suite des opérations qu'il comporte, prenons le lingot à son entrée dans les ateliers, pour le suivre jusqu'au moment où on le lancera dans la circulation.

CHAPITRE V

Le système de l'entreprise et le système de la régie. — Comment naissent les millions. — Le pair et le change. — La fonderie. — Laminoirs et dragons. — Les trébuchets. — Tolérances en titre et tolérances en poids. — Les coins. — Point secret et paraphe. — Le contrôle.

Trois organisations parallèles, mais distinctes, président aux opérations effectuées à l'hôtel des Monnaies : la réception, la fabrication, le contrôle.

Jusqu'à ces derniers temps, fabrication et contrôle étaient non seulement distincts, mais, à l'égard l'un de l'autre, dans un état de complète indépendance. Le directeur de la Monnaie recevait et transformait les lingots à ses risques et périls. Bien qu'investi par l'Etat qui exigeait de lui un cautionnement relativement modéré (300,000 francs), il agissait en véritable manufacturier, payait les ouvriers, se chargeait de l'entretien des machines, achetait les métaux d'alliage..., supportait en un mot, tous les frais de main-d'œuvre, et récoltait, par contre, les bénéfices de l'entreprise.

Sa rémunération, il la trouvait dans les droits de *brassage* que lui allouaient les règlements : 1 fr. 50 par kilogramme d'argent et 6 fr. 70 par kilogramme d'or convertis en numéraire.

Le gouvernement se bornait à contrôler les pièces avant l'émission.

Tel est encore le système suivi par quelques Etats, la Hollande notamment.

En conformité des prescriptions de la loi du 31 juillet 1879, la fabrication s'exécute en France, depuis le 1er janvier 1880, par voie de régie administrative. Le régime de l'entreprise a été abandonné. Le Directeur n'est plus un usinier, mais un fonctionnaire.

Les rapports de l'hôtel des Monnaies avec le public ont d'ailleurs subi peu de modifications. La retenue à opérer pour frais de monnayage demeure fixée à 1 fr. 50 pour l'argent, à 6 fr. 70 pour l'or[1].

De la sorte, à une personne qui apporterait un kilogramme d'argent au titre de neuf dixièmes, — hypothèse toute gratuite, comme on va le voir, — l'on rendrait 198 fr. 50 au lieu de 200 fr. A celle qui apporterait un kilogramme d'or au même titre légal, l'on rendrait 3093 fr. 30 au lieu de 3100 francs.

Que l'on achève ce calcul très simple, et l'on aboutira à ce résultat que le million en argent laisse 7500 fr. ; le mil-

[1] Le prix de 6 fr. 70 semble à quelques personnes bizarrement choisi. Mais le kilogramme d'or à 9 dixièmes (ou 900 grammes d'or pur) valant légalement 3100 fr., ce chiffre fait ressortir la valeur de l'or pur à 3444 fr. 444... Grâce au prix de 6 fr. 70 par kilogramme monnayé, les frais s'appliquant au kilogramme d'or pur s'élèvent aux 10/9 de 6 fr. 70 ou à 7 fr. 444... Dans la soustraction, la fraction périodique 0,444... disparaît et le kilogramme d'or pur transformé donne 3437 fr. exactement.

lion en or, 2161 fr. à la régie, laquelle doit y trouver le remboursement et de la main-d'œuvre, et des métaux d'alliage fournis.

Sept services spéciaux se partagent l'hôtel des monnaies.

1° Le *bureau du change,* tenu par un fonctionnaire investi du titre de caissier agent comptable. Là sont reçues les matières destinées à la fabrication des espèces et des médailles ; là sont encaissées espèces et médailles après fabrication ; là, enfin, les ayants-droit en viennent prendre livraison.

2° Le *service des essais,* ayant à sa tête un directeur particulier, et comprenant deux laboratoires distincts : laboratoire d'entrée, pour l'analyse des lingots apportés au change ; laboratoire de sortie, pour les échantillons de médailles ou de monnaies sortant des ateliers.

3° Le *service des travaux,* sous la direction d'un chef possédant sous ses ordres tous les agents et ouvriers appelés à concourir à la fabrication proprement dite.

4° Le *service de la gravure,* dirigé par un graveur chargé d'exécuter ou de faire exécuter les poinçons, coins et viroles nécessaires à la production des monnaies, aussi bien que les poinçons de *garantie* à apposer sur les bijoux.

5° Le *service des machines,* sous la conduite d'un ingénieur commandant aux mécaniciens employés à la construction et à l'entretien de l'outillage.

6° Le *bureau de vente des médailles,* avec un agent responsable préposé à cette vente et qui, jour par jour, verse au caissier le produit de ses recouvrements.

7° Le *contrôle,* dirigé par le sous-directeur et exercé

par des agents entièrement indépendants des services d'exécution.

Tel est, dans ses grandes lignes, le régime légal de notre production monétaire. Abordons-en l'application matérielle.

Il s'agira, si l'on veut, d'un lingot d'or, destiné à être transformé en pièces de vingt francs. Cette catégorie est de beaucoup la plus importante, comme le fera comprendre le court tableau qui suit.

Des règlements, fondés sur l'expérience des besoins du public, assignent en effet des proportions déterminées à la production des diverses espèces d'or.

Pour une somme de un million de francs, la Monnaie doit émettre :

100 pièces de 100 fr., ci.........	10,000 fr.
200 pièces de 50 fr..............	10,000
37,000 pièces de 20 fr............	740,000
19,000 pièces de 10 fr............	190,000
10,000 pièces de 5 fr............	50,000
	1,000,000 fr.

Pour l'argent, les règles sont un peu plus élastiques. Le ministre des finances doit en général obéir au désir du commerce qui, suivant les périodes, réclame plutôt ou de la petite ou de la grosse monnaie.

Supposons donc que le lecteur — retour de Californie — apporte au quai Conti un bloc du précieux métal. C'est à l'entrée de l'établissement, au Bureau du Change, qu'il doit s'adresser tout d'abord.

Toute matière précieuse destinée au monnayage passe par ce bureau, dont l'ameublement, d'ailleurs, est d'une simplicité peu en rapport avec les richesses qui y séjournent.

Une sorte d'établi en bois, quelques sébiles de cuivre, des chaises, des armoires, des balances, et c'est tout. Mais quelles balances ! Des instruments de précision oscillant au moindre souffle. Un pas trop lourd, une exclamation trop bruyante suffisent à les émouvoir.

Il faut une longue habitude aux peseurs pour employer ces délicats auxiliaires, que tous les jours deux mécaniciens spéciaux viennent vérifier.

Le bureau du change, — ceci soit dit en passant, — ne pratique point d'essai pour le compte du public. Apportez-y la plus splendide pépite, il la refusera. L'on n'y accepte que des métaux déjà essayés, d'un titre connu, et portant soit le poinçon de la *garantie*, apposé sur les objets d'orfèvrerie français, soit le poinçon d'un essayeur connu et spécialement patenté.

Sont seuls admis de droit au change :

1° Les lingots affinés au titre minimum de 994 millièmes et de poids de 6 à 7 kilogr. pour l'or et de 30 à 35 kilogr. pour l'argent[1] ;

2° Les monnaies étrangères inscrites à un *Tarif* spécial ;

3° Les ouvrages d'or et d'argent marqués des poinçons de titre français[2].

---

[1] On sait que le monnayage de l'argent est temporairement suspendu.

[2] Voyez Appendice, note C.

Une observation, à ce propos.

Lorsqu'il s'agit de l'évaluation des monnaies étrangères, il est utile de s'entendre. La valeur au *pair*, c'est-à-dire par comparaison avec nos monnaies nationales, n'est point la valeur au tarif admise par le bureau du change du quai Conti.

Supposons, par exemple, qu'on veuille connaître la valeur du souverain anglais par rapport à la pièce de 20 francs de France. Nous savons que le titre légal du souverain est 0,916 et le poids de 7gr,988. Cette pièce contient donc en métal pur 7gr,332. D'un autre côté, la pièce de 20 francs française est au titre légal de 0,900 et du poids de 6gr,451 ; elle renferme, en conséquence, 5gr 806 d'or fin.

Une proportion donnera, pour la valeur au pair du souverain : 25 fr. 22.

Mais les monnaies acceptées au bureau du Change n'y pénètrent que comme lingots. Il y a à tenir compte des frais de fabrication. Cette restriction faite, le souverain anglais, au tarif officiel, et à supposer bien entendu, que la pièce ait conservé son poids intégral, vaut 25 fr. 15.

En échange du lingot, dûment pesé et étiqueté, le possesseur reçoit un bon de remboursement en espèces — frais déduits — à un certain nombre de jours de vue. Chacun de ces bons constitue, au profit de son détenteur, un titre engageant la responsabilité du Trésor.

Puis, du Change, qui dépend de la commission des monnaies, le lingot passe, contre reçu, dans les ateliers, sous la responsabilité du directeur de la fabrication.

Alors commence la manutention monétaire, conduite ordinairement sur un ensemble, ou, pour employer le terme technique, une *brève* de dix mille pièces du même type.

Les ateliers où se fabriquent les pièces d'or et ceux où l'on manipule l'argent sont entièrement séparés. On évite ainsi bien des causes d'erreur.

Les lingots sont d'abord envoyés à la fonderie. Leur poids et leur titre, vérifiés de nouveau, permettent de calculer exactement la quantité de métal à ajouter, cuivre ou matière précieuse, suivant que le titre moyen de la masse devant trouver place dans un même creuset, est au-dessus ou au-dessous du titre légal de neuf dixièmes.

Cette addition d'alliage ne procure de bénéfice ni à l'État, ni à personne. Elle a pour unique objet de rendre le métal plus dur, plus résistant et par conséquent de diminuer le *frai* ou l'usure subie par les pièces en circulation.

La proportion la plus avantageuse, celle qui produit l'alliage le plus résistant, répondrait au titre de 11/12, c'est-à-dire à un métal composé de onze parties d'or pour une de cuivre. Le respect du système décimal a fait adopter et conserver le rapport 9/10.

Avant de retirer les creusets, on *prend la goutte*... La goutte est un échantillon du liquide incandescent, cueillie délicatement et portée au laboratoire d'essai de la fabrication, où l'on vérifie la composition de l'alliage.

Puis le métal est coulé dans des lingotières, d'où, après

refroidissement, on le sort à l'état de lames; lames d'un gris sale pour l'argent, et, pour l'or, d'un rose presque vermeil.

Ces plaques, à la surface rugueuse, à l'épaisseur d'une imparfaite égalité, doivent subir maintenant l'action des laminoirs.

On sait en quoi consistent ces engins : deux cylindres animés d'un mouvement de sens contraire, disposés parallèlement et dans le faible intervalle desquels la plaque, saisie d'autre part, est obligée tout entière de passer. Plusieurs fois de suite se renouvelle la même opération ; à chaque passage, la plaque, traversant un espace rendu plus étroit, s'amincit un peu. Mais ces pressions répétées altèrent la structure du métal ; on lui restitue sa malléabilité par une *recuite,* c'est-à-dire en le chauffant à un feu clair.

Après la recuite, nouveau laminage, puis recuite nouvelle. La plaque a passé en tout vingt-deux fois entre les cylindres.

Cette première série de travaux se termine par l'application du *dragon,* machine offrant deux surfaces d'acier entre lesquelles la lame prend une épaisseur absolument uniforme.

Reste à découper les flans. L'opération est effectuée à l'emporte-pièce, exactement comme lorsqu'on enlève de petits ronds de cuir aux souliers pour y insérer des œillets. Seulement, la machine employée à la Monnaie taille sans efforts cent mille flans en un jour.

Les plaques de métal précieux, retour du découpoir, offrent une assez exacte ressemblance avec des planches à bouteilles où les trous seraient extrêmement rapprochés les uns des autres. En cet état, on n'en peut faire qu'un usage : les remettre à la fonte.

Un à un maintenant les flans sont pesés au *trébuchet.*

Le trébuchet est une petite balance dont l'usage est des plus commodes lorsqu'il s'agit de peser des objets devant présenter un poids identique et déterminé. L'ouvrier n'a besoin que de trois poids, le poids *droit,* le poids fort et le poids faible, c'est-à-dire, avec le poids légal du flan, ceux qui répondent à la tolérance en plus ou en moins admise par la loi comme remède aux imperfections qui subsistent fatalement dans les plus précises opérations matérielles, comme elles existent dans nos sens.

On essaye le poids droit ; si la pièce est trop lourde, peu importe de combien ; on essaye le poids fort, si celui-ci l'emporte, la pièce est dans les limites; si c'est elle qui fait encore trébucher la balance, il faut en diminuer le poids ; c'est ce que l'on peut pratiquer à l'aide de quelques coups de lime.

A l'égard des pièces trop légères, dénoncées par la balance qui porte le poids faible, on ne dispose point d'une ressource équivalente. Force est de les renvoyer à la fonderie.

Quant au chiffre de la tolérance, il est strictement limité aux erreurs que nul ne peut répondre de ne pas commettre : 5 millièmes de leur poids pour les pièces de 1 franc ; 3 millièmes pour les pièces de 5 francs en argent, autant pour les pièces de 5 francs en or ; 2 millièmes pour les pièces de 10 et 20 francs ; un millième du poids pour les pièces de 50 et de 100 francs.

Après avoir passé par tant de mécanismes et par tant

de mains, les flans ont complètement perdu l'apparence de la précieuse matière dont ils sont formés; sales, ternis, graisseux, noirâtres, ils doivent subir, avant que l'on passe outre, un nettoyage ou décapage qui, d'ailleurs, n'exige pas un temps considérable.

Le décapage s'effectue dans des espèces de brûloirs à café, percés de trous sur leur pourtour et qui tournent à demi immergés dans un récipient peu profond. Celui-ci contient de l'eau aiguisée d'acide nitrique pour l'or, d'acide sulfurique pour l'argent.

Enfin, les disques de métal lavés et séchés, sont réunis, et l'ensemble ou *brêve* de dix mille flans est remis à l'atelier des presses. — Au préalable, la brève a été divisée en dix parties égales, portant chacune, avec un numéro d'ordre distinctif, le numéro de la presse à laquelle on va la confier.

Il est d'un intérêt purement technique de donner la description d'une presse monétaire.

Essayons cependant.

Un arbre de rotation, mis en mouvement par une machine à vapeur et muni d'un volant Z, est fixé à une manivelle G à laquelle s'articule la bielle F. Celle-ci s'articule à son tour sur le vigoureux levier H, qui reçoit ainsi de la machine un mouvement d'oscillation autour de son extrémité de gauche. L'autre partie de cette tête du levier s'appuie sur la colonne I, dont l'extrémité inférieure se meut à rotule dans la *boîte coulante* J. Cette dernière, qui porte le coin supérieur, est placée au bout d'un autre levier, mobile au-dessus de la manivelle. Les contrepoids N, à l'aide du levier M et du support L, maintiennent constamment la boîte appuyée de bas en haut. Mais, sous l'action du levier H, dans le mouvement de la machine, la boîte s'abaisse, et si un flan se trouve placé entre le coin supérieur et le coin inférieur, il en résulte sur les deux

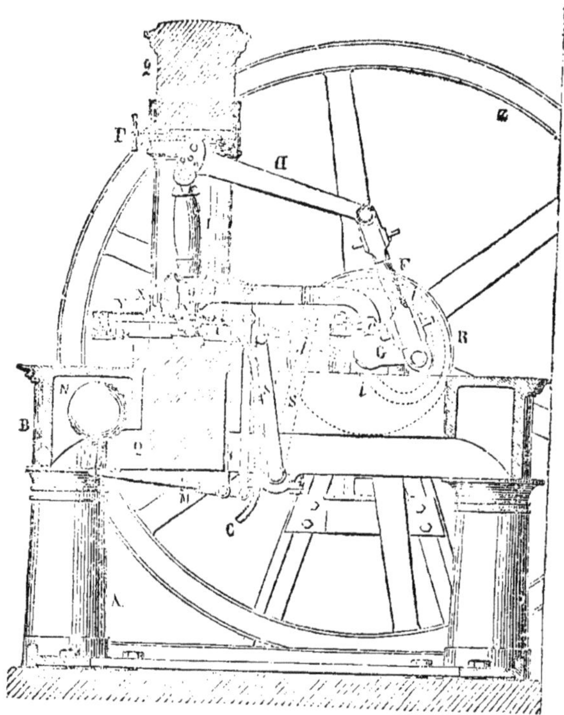

Presse monétaire.

faces une énorme pression. — La distance entre les deux coins se règle par une vis spéciale, qui tend à écarter plus ou moins du massif et de la presse le levier H.

Qu'on se figure, en somme, une machine à vapeur ordinaire, qui, à chaque coup de piston et par une série d'articulations transmettant le mouvement, conduit une boîte portant le *coin* de pile jusque sur le flan. Celui-ci est posé sur le trousseau, fixé au bâti même de la machine.

Le flan, lors de l'abaissement de la boite mobile, se trouve fortement comprimé entre les deux coins. C'est cette pression qui remplace le choc du balancier et procure l'empreinte.

Après chaque coup de piston, un flan lisse succède, placé automatiquement par le mécanisme.

La presse fournit ainsi une pièce d'or par seconde. Les disques aux fauves reflets tombent, les uns après les autres, avec une mathématique régularité, dans une sébille, au pied de la machine.

La plus difficile peut-être, la plus délicate à coup sûr, des multiples opérations auxquelles nous venons d'assister, est celle qui a pour objet la confection des coins d'acier destinés à produire les empreintes.

Un employé de haut rang, ou plutôt un véritable fonctionnaire et en même temps un artiste éminent, en est spécialement chargé, sous le titre de *graveur général* des monnaies.

Il lui faut, pour obtenir les coins, un acier à la fois dur et d'un grain serré, d'une texture parfaitement homogène. Cet acier, provenant ordinairement des fonderies de la Loire, arrive en barres rondes, que l'on débite en disques de forte épaisseur.

Le coin est gravé en relief, comme un camée, au burin. Travail d'une grande difficulté et qui réclame un homme consommé en son art.

Cette sorte de camée va permettre d'obtenir le *coin* proprement dit, portant en creux l'image qu'à son tour il transmettra en relief.

A cet effet, le disque directement gravé au burin est chauffé, puis jeté dans l'eau froide. La trempe, en enlevant au métal le peu de malléabilité qu'il possédait, lui communique une dureté considérable.

On peut ainsi, en l'ajustant à la vis d'un balancier, graver en creux un second disque en acier doux. Puis, le coin alors obtenu, chauffé et trempé, devient capable, à son tour, de communiquer à un métal plus mou l'empreinte reçue d'un métal plus dur.

Le coin, *décolleté* au tour, c'est-à-dire arrondi sur ses bords et arasé de l'excédant de substance, reçoit un numéro, et des mains du graveur, passe, contre reçu, dans celles du directeur de la fabrication. Désormais, le morceau d'acier ne circule plus que contre reçus et décharges jusqu'à ce que, usé par l'emploi qu'en aura fait la presse, il fasse retour contre une dernière signature au graveur général.

Le coin possède, pour ainsi dire, son état civil. Sur des registres particuliers, s'inscrivent sa naissance et sa fin. Ces précautions se conçoivent, elles sont indispensables.

Le coin, c'est presque le numéraire, reconnu surtout aux images qu'il présente.

C'est la perfection du coin qui (avec le code pénal), doit décourager les imitateurs. Le seul vol d'un coin pourrait forcer l'administration à modifier le type de toutes les pièces correspondantes.

Avant de subir la trempe, chaque coin, pour surcroît de garantie, est *paraphé* au poinçon.

Paraphé est bien ici le mot : c'est une véritable signature que reçoit la petite planche d'acier, ou plutôt une série de trois signatures successives.

Tout le monde a remarqué sur les pièces de monnaie, outre les empreintes légales, certains signes qui, pour beaucoup, sont restés sans doute hiéroglyphiques : ces signes proviennent du poinçonnage en question.

On distingue tout d'abord le *point secret :* une ou deux lettres de l'alphabet, se rapportant au lieu de provenance de la pièce.

Pendant longtemps, de nombreux hôtels des Monnaies ont coexisté en France. Avant la Révolution, l'on en compta jusqu'à trente !... Bornons-nous à reproduire le tableau des ateliers dont les produits se mêlent encore à la circulation.

Ateliers où ont été frappées les monnaies françaises fabriquées selon le système décimal résultant des lois des 18 germinal an III et 7 germinal an XI.

	Lettres monétaires.		Lettres monétaires.
Paris.........	A	Nantes................	T
Rouen........	B	Lille..................	W
Lyon.........	D	Strasbourg.............	BB
La Rochelle...	H	Marseille..............	AM
Limoges.....	I	Genève (an VI à XIII)...	G
Bordeaux.....	K	Rome (1812-1813).......	R
Bayonne......	L	Turin (1804-1813).......	U
Toulouse.....	M	Gênes (1813-1814)......	CL
Perpignan....	Q	Utrecht (1812-1813).....	Un mât.

Pourquoi cette dénomination de *point secret ?* Pas si secret que cela ; nous n'en voulons pour preuve que cette locution toute parisienne, s'appliquant en guise d'éloge aux objets que l'on trouve à son goût : « C'est marqué à l'A, » dit-on couramment.

En outre du point, secret ou non, les pièces portent deux minuscules dessins, sortes de griffes appartenant, l'une au graveur général (le graveur actuel, M. Barre, marque d'une ancre), l'autre au directeur de la fabrication (le directeur actuel de Paris marque d'une abeille). Naturellement, ces emblèmes changent avec les personnes [1].

Toutes ces minuties constituent autant de précautions contre les faux monnayeurs. Rien n'est plus malaisé à imiter qu'un poinçon presque microscopique.

Revenons aux bureaux du contrôle.

La *brève* de dix sébiles contenant chacune mille pièces étant prête, on prend au hasard, dans chaque sébile, six pièces ; puis, sur les soixante ainsi réunies pêle-mêle, on en prélève six [2].

Les six louis apportés par cette sorte de quintessence de hasard sont mis en deux lots de trois pièces ; un lot pour la commission, un pour le laboratoire.

Les trois premières pièces, soigneusement cachetées sous autant d'enveloppes au sceau respectif du directeur, de l'un des commissaires généraux et du con-

---

[1] C'est pour cette raison, sans doute, que chacun de ces deux signes porte la dénomination de « différent ».

[2] Voyez Appendice, note D.

trôleur, sont adressées au président de la commission.

Les trois autres vont au directeur des essais chimiques. Celui-ci en donne une à chacun des deux essayeurs; il garde par devers lui la troisième. Pendant ce temps, la brève reste sous clef.

Les deux essayeurs — éminents chimistes — opèrent isolément ; chacun envoie son résultat au directeur des essais. Si les deux résultats ne concordent point, le directeur opère sur la pièce restée en sa possession, et cette dernière analyse décide du titre de l'alliage.

L'alliage reconnu comme ne dépassant pas les limites de la tolérance légale (un millième en deçà ou au delà du titre de 0,900), un verdict favorable est rendu ; il n'y a plus qu'à vérifier le poids des pièces, ainsi que leur sonorité et la netteté de l'empreinte.

Les agents du contrôle recommencent l'opération déjà effectuée sur les flans par les employés de la fabrication. Chaque disque est pesé au trébuchet.

Puis, si la pièce est sortie victorieuse de cette épreuve, elle passe entre les mains d'un second contrôleur, lequel, la lançant sur un plan d'acier, constate par l'éclat du son, l'absence de *paille,* de fêlure, de soufflure dans le métal.

Enfin, un troisième contrôleur, examinant les deux faces à la loupe, s'assure que les empreintes n'offrent aucun défaut.

Les espèces reconnues bonnes, *sonnantes* et *trébuchantes* entrent au bureau du change, d'où l'on ne tardera pas à les faire sortir. Quant aux pièces rebutées, elles sont tordues, cisaillées et dans cet état retournent à la fonderie.

On voit par combien d'épreuves a passé la pièce de monnaie, avant d'avoir conquis le droit de circulation.

Aussi, peut-on affirmer, il suffirait au public de se montrer quelque peu attentif pour que toute émission de fausse monnaie fût rendue impossible.

CHAPITRE VI

La fraude. — Cordonnage et pointillage. — Le choix d'un métal. — Les roubles-platine. — Le nickel. — Les ressuyeurs d'or. — Tribulations d'un Anglais. — Le théorème de Gresham. — A quand la monnaie internationale? — L'esprit de contradiction.

Le problème matériel et en quelque sorte mécanique de la production monétaire peut, dans la plupart des contrées civilisées, être regardé comme à peu près résolu. Il reste, cependant, à s'affranchir de deux catégories bien différentes d'embarras : la fraude d'une part, et d'autre part les calculs et les ennuis du change international.

Contre la fraude, on a le poids des pièces, leur son, leurs empreintes : autant de caractères absolument spécifiques à chaque sorte de monnaie.

Il est peu facile, même en alliant au cuivre le platine, de composer de fausses pièces d'or possédant exactement le poids normal.

L'argent, à la vérité, se laisse contrefaire à meilleur compte par les métaux vils. La densité du plomb, supérieure à celle de l'argent, permet de fabriquer de fausses pièces qui, si le filou calcule bien, offriront sous le même module le même poids que les pièces légales correspondantes. Mais le plomb devant dominer dans l'alliage, celui-ci n'offre plus que ce son mat, lourd, sans éclat, qui le trahit immédiatement, sans parler du défaut de dureté des pièces.

D'ailleurs, nous savons avec quel soin l'on confectionne le coin qui seul procure une image nette. L'examen le plus superficiel suffit presque invariablement à dénoncer les pièces fausses.

Dans le cas d'une imitation plus parfaite, un caractère ne trompera pas : c'est la coexistence des trois marques au poinçon constituant le paraphe.

Toutes sortes de précautions ont été prises contre les faux-monnayeurs. D'abord, on imagina le cordonnage et le pointillage autour de l'empreinte (difficulté de gravure des coins), puis autour de la tranche, difficulté bien plus grande encore pour l'imitateur [1]. Le moulage ne saurait procurer qu'avec des bavures et des inégalités grossières l'impression sur la tranche. Et, si le faux-monayeur voulait recourir au procédé usité à l'hôtel du quai Conti, il lui faudrait monter une machine assez compliquée et assez coûteuse pour que la fausse monnaie lui revînt plus cher que la vraie.

C'est la presse monétaire, en effet, qui exécute le cordonnage de la tranche en même temps que l'empreinte des deux faces.

Tandis que le flan se trouve comprimé entre les deux coins, il est serré sur son pourtour par une virole, sorte

[1] La première pièce dont le cordon ait reçu un exergue fut frappée en argent, sous Charles IX (1573).

d'anneau brisé que forment trois tronçons articulés, gravés en creux, lesquels agissent sur la tranche comme les coins sur le droit et le revers. L'emplacement des sutures des trois arcs constituant la virole, se retrouve très bien

Le cordonnage et la double empreinte.

sur les pièces frappées, où il s'est imprimé en trois petites lignes saillantes, transversales à la tranche.

Nous laissons de côté, n'est-ce pas, les naïves imitations obtenues par l'argenture ou la dorure de pièces de billon ? Elles ne peuvent tromper que les plus ignorants, les espèces formées de matières différentes n'offrant ni le même poids, ni les mêmes dimensions... Le sou, par exemple pèse comme le franc 5 grammes, mais la notable différence des modules, comme celle des effigies, ne permet évidemment point de confondre un sou plus ou moins bien argenté, avec un franc.

Le souci d'opposer les plus fortes barrières possible au faux-monnayage est entré certainement pour beaucoup dans la persévérance avec laquelle le gouvernement français s'est abstenu de faire intervenir d'autres métaux que l'or, l'argent et le bronze [1].

Ailleurs, de multiples essais ont été tentés. Quelques-uns ont réussi. Commençons par les autres.

Le platine offre une densité exceptionnelle. Il est inaltérable aux agents atmosphériques. Le gouvernement russe, possesseur des principales mines de platine, dans les monts Ourals, commença vers 1828 à en transformer les produits en roubles. Les frais de monnayage étaient écrasants, à raison de la difficile fusibilité de la matière. Ce défaut s'est considérablement atténué depuis les belles expériences de M. Sainte-Claire Deville. Mais on souleva une plus grave objection : les gisements platinifères en exploitation sont extrêmement rares ; le métal n'est pas assez beau pour que l'orfèvrerie le recherche. Que de nouveaux gisements se laissent découvrir, et la valeur du platine éprouvera un brusque ressaut.

En 1845, on renonça à ce genre de monnaie, et le gou-

---

[1] 95 pour cent de cuivre, 4 d'étain et 1 de zinc.

vernement russe retira de la circulation les pièces frappées jusqu'alors.

Parfois, on a cherché à augmenter les difficultés de la fraude par l'alliance — non l'alliage — de métaux différents. Dès 1681, par exemple, le roi d'Angleterre Charles II faisait frapper des *farthings* en étain portant au centre un bouton de cuivre. Mais l'étain, d'une part, est trop mou pour le monnayage; et, d'ailleurs, nous savons aujourd'hui que le contact de deux métaux hétérogènes constitue un élément électro-chimique, susceptible d'accélérer l'altération du disque.

Infiniment plus avantageux est le nickel, fondu surtout avec du cuivre. L'alliage présente de remarquables qualités de résistance et d'aspect. Aspect qui, toutefois, a le tort de rappeler de trop près celui de l'argent. Nos commerçants sont quelquefois trompés par l'extérieur des basses monnaies d'outre-Rhin. Car les Allemands ont demandé au nickel leurs monnaies de billon.

Les fraudeurs, au surplus, ne se recrutent pas uniquement parmi les gens qui, avec une chance inégale, s'efforcent de reproduire, à l'aide de métaux vils, l'apparence des pièces de bon aloi.

Quelques-uns jouent un jeu moins périlleux et plus sûr.

Ceux-là se contentent de faire *ressuer* aux pièces une certaine quantité de métal précieux. La loi, en effet, ne peut exiger qu'une pièce de monnaie, pour être acceptable, offre mathématiquement son poids normal, même selon la tolérance accordée à la fabrication. La circulation incessante, le frottement des disques métalliques les uns contre les autres, enlèvent petit à petit des parcelles de matière, rendent plus frustes les empreintes. C'est là l'inévitable phénomène du *frai*. Les fraudeurs précités produisent un *frai* artificiel.

Il faut compter, enfin, avec les spéculateurs qui exportent la monnaie vers les pays où elle peut être refondue avec avantage. Ces spéculateurs-là choisissent avec soin les pièces les plus lourdes. La résultante de leurs efforts se traduit par une tendance de la monnaie en circulation à n'offrir que le poids *minimum*. Contre de telles pratiques, l'Etat ne possède qu'une arme : le retrait des pièces tombées au dessous d'un certain niveau par suite du frai. En France, les caisses publiques ont la faculté de refuser les pièces dont le poids s'est amoindri de un demi pour cent (or), ou de un pour cent (argent), au-dessous des tolérances légales de fabrication. La pièce de 20 fr. par exemple, a pour poids *droit* 6 gr. 451, pour poids *faible,* répondant à la tolérance par défaut : 6 gr. 438 ; à partir de 6 gr. 374, elle devient impropre à circuler. Chacun est libre de vérifier, balance en main.

Dans les autres contrées, se rencontrent des dispositions analogues. En Angleterre, le souverain, dont le poids *droit* est de 7 grammes 988, cesse d'être légalement acceptable au-dessus de 7 gr. 938. Le spéculateur anglais peut se mouvoir, si l'on veut bien mettre les nombres en proportion, entre des limites resserrées moins étroitement que de ce côté-ci de la Manche. Aussi, chez lui, le *tri* de la monnaie constitue-t-il un usage fort répandu. Les pièces neuves sont vouées au creuset ou à l'exportation. Le public ne voit guère que des pièces vieillies. Aux vives réclamations qu'élèvent les économistes, l'on n'a pu satisfaire jusqu'à présent, sinon en inscrivant dans les lois une charge annuelle pour les justiciables. Si une personne reçoit un *sovereign* n'atteignant pas le minimum de poids courant, elle est supposée légalement devoir en reconnaître l'imperfection et elle est tenue de cisailler la pièce pour la rendre à qui l'a remise. Tout juge de paix a qualité pour trancher les conflits nés au sujets de *sovereigns* douteux.

Le professeur d'économie politique d'Owens-College, à Manchester, M. Stanley Jevons, se livra à cet égard, en 1869, à une enquête approfondie. Son examen se traduisit par ce résultat : Tout près du tiers des souverains et presque la moitié des demi-souverains (or) se trouvaient en-dessous de la limite.

« Cet état défectueux de la monnaie d'or anglaise, dit le professeur de Manchester, engendre parfois de grandes injustices. J'ai entendu parler d'une personne inexpérimentée qui, après avoir reçu quelques centaines de livres en or d'un commerçant en métaux de la Cité, alla droit à la Banque pour les y mettre en depôt. On trouva que la plupart des souverains étaient trop légers, et le malheureux dépositaire dut supporter des frais énormes. Le négociant lui avait évidemment donné le reste d'une masse de monnaies dont il avait trié les plus pesantes.

» Dans un cas encore plus fâcheux, qu'on m'a rapporté récemment, un particulier présenta au bureau de Saint-Marin-le-Grand un mandat sur la poste, et porta les souverains reçus au bureau du timbre, à Somerset-House, où les pièces furent pesées et où l'on en trouva quelques-unes qui n'avaient pas le poids.

» Ici un homme avait été fraudé, pour ainsi dire, entre deux bureaux du gouvernement. »

Les plus louables efforts pour la refonte et la restitution des monnaies sont demeurés infructueux, avec des pertes notables pour les Etats et de profondes déceptions pour les gouvernants. La circulation monétaire se comporte à l'instar du tonneau des Danaïdes : on a beau l'inonder de pièces neuves, irréprochables ; le public continue à se servir principalement des pièces qui ont perdu de leur poids et de leur valeur.

Ne voyons là rien de paradoxal.

Certes, en d'autres circonstances, l'intérêt de chacun consiste à garder ce qui est bon et à rejeter ce qui est mauvais. Mais la monnaie, au rebours de toutes nos acquisitions habituelles n'est pas faite pour être gardée. Elle circule. Dans notre bourse, elle ne met que des hôtes de passage. Nous le prenons, non pour nous-même, mais pour d'autres à qui nous la repasserons. Qu'ils l'acceptent est tout ce qui nous préoccupe. Le gros public se sert indistinctement de toutes les pièces ; il les doue d'un mouvement qui ne s'arrête pour ainsi dire point. Les spéculateurs opèrent le drainage des meilleures ; ce sont les autres qui restent.

En un mot, la mauvaise monnaie chasse la bonne avec la plus déplorable facilité, tandis que la bonne monnaie est impuissante à chasser la mauvaise. — Aphorisme que les Anglais dénomment : le *théorème* de Gresham [1], et que l'on se contenterait volontiers d'appeler : la loi du bon sens.

[1] Du nom de l'économiste qui l'a formulé il y a trois siècles.

Théorème scientifique ou loi de sens vulgaire, la vérité qui précède serait indiscutablement d'une application moins préjudiciable à l'intérêt de tous, si elle ne se combinait avec les difficultés du change international.

Supposez une monnaie unique, ou, tout au moins, des unités susceptibles de se réduire immédiatement et sans calcul les unes aux autres, et voilà les spéculateurs sur métaux placés, vis-à-vis de l'or et de l'argent, dans l'exacte situation du commerce à l'égard du fer, du blé, de la laine et du coton.

Les communications deviennent, entre les peuples, de plus en plus rapides, de plus en plus directes. Qui dit relations dit commerce ; qui dit commerce dit échange ; qui dit échange dit monnaie. La monnaie internationale est une question à résoudre.

En 1858, les Etats-Unis prirent l'initiative de propositions tendant à établir l'uniformité des systèmes monétaires. En 1870, peu de temps avant la guerre avec l'Allemagne, une commission d'études fut instituée en France ; ses travaux, publiés en 1872, forment deux gros volumes. Le congrès monétaire de 1878 en a confirmé, à peu de chose près, les conclusions.

Grâce à une coïncidence d'ailleurs toute fortuite, les principales unités circulant sur le globe se rapprochent beaucoup de multiples du franc. De très faibles modifications suffiraient à les transformer en multiples exacts.

Toute nation, si elle ne préférait adopter purement et simplement le système métrique décimal, pourrait, à son gré, adopter l'une de ces quatre unités des valeurs. Le livre sterling, alors, circulerait en France comme pièce de

25 francs, en Amérique, comme pièce de cinq dollars. Le dollar américain, en Angleterre, offrirait une pièce de quatre shellings, et chez nous prendrait place concurremment avec nos écus. Le florin, enfin, constituerait, selon la latitude, demi-écu, demi-dollar au double shelling.

	Valeur actuelle en francs.	Valeur proposée en francs.
Franc.....................	1	1
Florin autrichien d'argent[1]..	2,47	2 1/2
Dollar américain d'or......	5,18	5
Livre sterling.............	25,22	25

Que dire de l'Allemagne qui, réformant en 1871 son ancien système monétaire, s'est avisée de baser le nouveau sur une unité, le *marc* (marc d'empire ou reichsmark de 1 fr., 4235) qui ne concorde avec l'unité d'aucun autre pays !

La création de la monnaie internationale est une solution de l'avenir. D'un avenir à brève échéance, convient-il d'espérer. Pour le présent, les systèmes monétaires sont à l'état de conflit. Des docteurs graves prétendent même que le mieux est de s'en tenir là. Les initiateurs, en matière des chemins de fer, ont bien rencontré devant eux l'esprit de contradiction !

---

[1] L'Autriche frappe, depuis 1870, des pièces d'or à double indication : 8 florins - 20 francs ; 4 florins - 10 francs.

CHAPITRE VII

Toujours les Chinois. — La monnaie volante. — Le progrès et l'abus. — Banque d'Etat et banques privées. — Le cours forcé et le discrédit. — Le papier-tabac. — Les bons d'orfèvre. — Les monnaies de cuir. — Jetons-promesses. — En Italie. — La lettre de change. — L'escompte. — Les deux guichets. — L'argent des autres.

Il y a quatre mille cinq cent quatre-vingts ans, un empereur de la Chine, portant le nom harmonieux de Hyën-Yüen, crut s'apercevoir que ses sujets éprouvaient parfois quelque embarras à transporter sur eux, dans leurs poches, les lingots de métal destinés à solder leurs emplettes. (Est-il bien sûr, même, que les Chinois d'alors eussent des poches) ?

L'empereur susnommé consulta son ministre, Pée-Ling. Pée-Ling proposa de fonder un établissement où les gens en mal de surabondance métallique eussent la possibilité de déposer leurs lingots contre des chiffons de soie imprimés mentionnant la valeur de la somme. Le gouvernement lui-même fabriqua de cette sorte de monnaie représentative, garantie par valeur égale en monnaie métallique confiée au Trésor de la capitale. Il paya ses agents avec ces billets, les reçut des contribuables. Ils ne tardèrent pas à circuler sur tout le territoire. On les appela monnaie *volante*[1].

Le papier-monnaie était créé.

Le papier-monnaie, engin essentiellement mobile, passant avec la plus extrême facilité d'une main dans une autre, affranchissant vendeurs et acheteurs de l'intervention de la balance, résumant, enfin, sous une masse insignifiante, des tonnes de cuivre, des quintaux d'argent et des kilogrammes d'or.

De la part de ceux qui s'en servent, le papier-monnaie, ainsi entendu, ne réclame qu'une chose : une entière confiance dans la sincérité du dépôt dont il tient la place. De là, le nom de monnaie *fiduciaire* que les siècles lui donneront. — Le gouvernement qui en détient les sources les ouvre-t-il sans mesure ? S'avise-t-il d'émettre de cette monnaie fiduciaire une quotité qui dépasse la somme des dépôts confiés à sa garde ? Immédiatement, la sincérité du titre représentatif disparaît ; la confiance s'amoindrit, puis s'éteint. Le papier-monnaie ne reçoit plus, dans le public, qu'une valeur inférieure à celle que les chiffres y indiquent, jusqu'à ce que, chacun voulant ressaisir le dépôt métallique dont le chiffon imprimé ne constitue en définitive que la traduction figurée, et le Trésor restant impuissant à satisfaire les demandeurs, le gouvernement décrète le *cours forcé*.

Le cours forcé, c'est-à-dire l'obligation, pour le justi-

[1] Le fait remonterait seulement au IXe siècle, d'après M. L. Lacroix (*Le papier-monnaie en France et en Chine*), au IIe siècle avant J.-C., d'après M. Bernardakis.

ciable, d'accepter le papier-monnaie en payement d'une dette quelconque, sans le droit de l'échanger ensuite contre espèces sonnantes. Le cours forcé, simple leurre, ne réussit même pas à prolonger les illusions. Le prix de tous les objets s'élève, à mesure que les moyens de payement perdent la confiance publique. Le commerce se ralentit. Le gouvernement lutte sans succès en jetant dans la circulation des rames de sa monnaie factice. Les émissions se succèdent en vain, — jusqu'à la catastrophe.

La Chine, où parut l'invention, vit naître également l'abus. Il est si tentant, pour un souverain, de s'enrichir en payant ses dettes en carrés marqués à son sceau ! Des billets furent lancés, que ne contrebalançaient plus les dépôts équivalents en métaux précieux. Au XIIe siècle de notre ère, une sapèque de cuivre en valut mille en papier ! L'abus suscita une révolution et la chute d'une dynastie. Après quoi la Chine supprima pour toujours le papier-monnaie émis par l'Etat.

Renonça-t-on par là à la monnaie « volante ? » Nullement. Mais, l'expérience ayant parlé, on remplaça les billets d'Etat par les billets de banques particulières, selon le système appliqué aujourd'hui dans la plupart des Etats civilisés.

L'Etat conserva le rôle de contrôleur et de surveillant. Car, — et ceci est à retenir, — l'Etat constitue un surveillant aussi jaloux à l'égard des institutions indépendantes, que plein d'indulgence vis-à-vis de lui-même.

Une observation. Ces billets chinois, dans leur forme,

présentent la plupart des dispositions adoptées sur nos billets modernes : nom de la banque et date de l'émission, numéro d'ordre, signature des fonctionnaires qui y ont présidé, indication de la valeur en lettres, en chiffres, et de plus en un dessin figurant des enfilades de dix pièces de monnaie égales au nombre de dizaines de pièces de valeur ; sans oublier la note rappelant les peines édictées contre les faussaires, tout comme sur nos billets. On y trouve, en outre, cette sentence d'homme d'État : *Produisez de toutes vos forces, dépensez avec économie.*

Ces antiques billets de banque de la Chine étaient imprimés à l'encre bleue, sur des fibres de mûrier ; ils offrent à peu près la grandeur de nos billets de banque de mille francs. Le musée asiatique de l'académie des sciences de Russie en conserve un exemplaire ; ce titre porte la date de 1399 : il a donc près de cinq cents ans [1].

Cette vieille histoire de papier-monnaie et de billets de banque, extraite des chroniques du Céleste-Empire, s'est rééditée sous bien des latitudes. Partout, le poids, et, en quelques centres, l'incommodité des monnaies a pu suffire à provoquer l'établissement de lieux de dépôt et de billets représentatifs.

Au dix-huitième siècle, en Virginie, alors que le tabac était admis comme présidant aux échanges, nul ne se fût astreint à transporter ici et là des paquets plus ou moins volumineux de la denrée chère aux fumeurs. Le tabac était

---

[1] Comptes-rendus de l'Académie des Sciences. Séance du 1er avril 1832.

déposé dans des magasins, contre des reçus. Les reçus circulaient.

En Angleterre, il y a trois cents ans, les marchands confiaient leurs espèces à la Tour de Londres, sous la garde vigilante du roi. Par malheur, en 1640, la garde vigilante du roi Charles Ier se traduisit par la main mise sur le dépôt. Deux cent mille livres sterling ! Cet emprunt forcé ayant dégoûté les bourgeois londonniens de la vigilance royale, ils prirent le parti de s'adresser aux orfèvres. Ceux-ci, en échange, délivraient des récépissés ; des *bons d'orfèvres,* comme on les appelait. Chaque bon put circuler en remplaçant la somme dont il offrait le témoignage écrit. Ainsi s'explique, soit dit en passant, que les banquiers de Londres, jusqu'à 1746, aient appartenu à la corporation des bijoutiers.

Les peuples occidentaux, dans l'antiquité, ont-ils connu le papier-monnaie ? On pourrait se borner à répondre qu'ils ne connaissaient point le papier. Qu'ils aient eu, toutefois, des monnaies représentatives, cela n'est pas douteux, bien que nous manquions d'informations précises à cet égard.

Telle, évidemment, fut la monnaie de cuir des Carthaginois. Elle ne présentait qu'une valeur nominale : la preuve, c'est que les nations voisines refusaient de la recevoir.

M. Bernardakis assigne aux monnaies de cuir un mode de génération assez vraisemblable, fort ingénieux en tout cas :

Lorsqu'on trouva les peaux trop gênantes pour servir

de monnaie, dit-il [1], on en détacha des fragments qui circulèrent comme gages. Ajustés à l'endroit resté vide, ils prouvaient le droit de propriété. Ces petits gages de cuir offraient de véritables billets de banque. Mais « le gouvernement russe ne tarda pas à manquer d'argent, et, comme la fabrication de sa monnaie était peu coûteuse, il mit des peaux entières en pièces qu'il marqua de son sceau. » Ces pièces-là ne représentaient plus rien du tout. Du papier-monnaie sans valeur.

Toutefois, peut-être avait-on pu en oublier le caractère original.

Le papier-monnaie de cuir n'offre rien qui doive nous surprendre. N'a-t-on pas fait du papier-monnaie... en métal ?

Les habitants de Clazomène, raconte Aristote, redevaient 20 talents à des troupes mercenaires qu'ils avaient employées. Ne pouvant les solder, ils remettaient à titre d'intérêts, quatre talents par an aux chefs de la troupe. Mais le capital dû ne se réduisait point. L'idée vint, alors, de frapper pour 20 talents de monnaie en fer, de la répartir contre argent entre les citoyens les plus aisés, et à l'aide de cet emprunt de se débarrasser du tribut annuel. Dans l'intérieur de la ville, la monnaie provisoire circula jusqu'à ce que, petit à petit, les revenus publics aidant, le gouvernement eût ressaisi la monnaie de fer et rendu en pièces de bon aloi leur valeur nominale. — C'était déjà l'emprunt amortissable, sans coupons de rente, toutefois.

---

[1] *Journal des économistes*, tome XXXIII.

Franchissons un intervalle de vingt siècles. « Comme les rois d'Angleterre, jusqu'au temps d'Elisabeth, refusaient de monnayer un métal aussi peu précieux que le cuivre, sans doute dans la crainte de déprécier par là leurs monnaies, les commerçants remédiaient au manque de pièces de cuivre en émettant des jetons. Dans les premiers siècles, ces pièces étaient composées tantôt de plomb, tantôt d'une sorte de laiton, et parfois même, dit-on, de cuir. Dans le siècle dernier, elles furent encore émises en grande quantité, celles de cuivre surtout, et souvent elles portaient une devise indiquant en termes formels qu'elles constituaient une promesse de paiement. Ainsi une pièce d'une exécution assez belle, émise à Southampton en 1791, montre cette inscription :

HALFPENNY PROMISSORY
Payable at the office of Taylor, Moody et C°.

« Ces bons monnayés émis à différentes époques sont extrêmement variés, et leur étude forme une branche importante de la numismatique [1]. »

A Paris, à la même époque, des citoyens, interprétant à leur guise la Déclaration des Droits de l'Homme, commencèrent à frapper aussi des monnaies de confiance. Elles n'avaient d'ailleurs qu'un cours facultatif.

Le 3 septembre 1792, l'Assemblée législative défendit ces émissions par un décret formel [2].

---

[1] Stanley Jevons.
[2] HENNIN : *Histoire numismatique de la Révolution.*

De multiples raisons ont contribué à introduire le papier-monnaie en Europe. Le poids embarrassant des métaux en fournit une ; la pénurie d'espèces, une autre ; en voici une troisième : la confusion des systèmes monétaires.

Il y a six ou sept siècles, la caisse d'un commerçant, dans un pays de passage, comme l'Italie, présentait d'habitude le contenu le plus hétéroclite : titre, poids, degré d'usure, variaient presque d'une pièce à une autre. Encaisser

Monnaie de crédit en cuivre (1791).

une somme quelconque supposait, de la part du négociant, la pesée de chaque disque, l'estimation de chaque titre, — avec, par-dessus tout, le risque d'être trompé. La coutume s'établit, alors, dans les actives républiques italiennes, de déposer la recette du jour dans quelque banque, où les sommes, évaluées soigneusement une fois pour toutes, s'inscrivaient au compte de leurs déposants respectifs. Le reçu, ensuite, pouvait passer de main en main, jusqu'à ce qu'un dernier détenteur jugeât à propos d'aller l'échanger contre la somme ainsi représentée... De véritables billets de banque, en un mot.

Mécanisme des plus élémentaires, en vérité, et d'autant plus aisément mis en œuvre que, à Milan, à Florence, dans toutes les cités de négoce, les banquiers, durant une partie du jour, tenaient boutique en plein vent. Un banc, une table, un registre, des piles d'or et d'argent sur l'éventaire, représentaient toute l'installation. Par malheur, de temps à autre, un banquier décampait avec tous les dépôts confiés à sa garde. Ces jours-là, la foule des clients désappointés et furieux se vengeait en brisant banc et tréteaux. A ces « ruptures de bancs » nous devons une étymologie et un fait économique : d'abord, le mot *banqueroute* (*bankrupt* en anglais) et ensuite, la lenteur avec laquelle le billet de banque a pénétré dans nos mœurs financières.

D'autres causes, pourtant, nous y amenaient : de nouvelles sortes de valeurs se développaient. Le peu de sûreté des chemins, à ces époques troublées, constituait à l'état d'imprudence grave tout voyage comportant le transport de sommes d'argent quelque peu grosses. Israélites et Lombards, banquiers du moyen-âge, imaginèrent fort à propos la lettre de change.

Tout le monde en connaît le jeu :

J'ai besoin de vingt mille francs, par exemple, pour effectuer des achats à Anvers ; je veux éviter les tracas occasionnés par le transport d'une pareille somme ; je m'adresse à X... banquier à Paris ; je lui remets mes vingt mille francs ; lui, me remet une lettre de change par laquelle il invite Y..., son correspondant, banquier à Anvers, à me délivrer la même valeur. Un simple feuillet m'en tient lieu jusqu'à l'arrivée. — Une autre fois, quelque Belge se rendant à Paris réclamera de Y..., l'Anversois, un service analogue. Au bout d'un certain temps, les avances faites par Y..., pour le compte de X..., et par X..., pour le compte de Y..., s'équilibreront ou à peu près. C'est affaire à eux que de solder leurs différences, lorsqu'elles atteignent un chiffre suffisant.

La lettre de change, d'ailleurs, s'accommode à tous les besoins du commerce de pays à pays, de ville à ville. Pierre, négociant à Paris, a vendu des marchandises, avec un crédit de trois mois, à Paul, de Marseille ; il en a acheté, de son côté, à Jacques de Rouen. « Faites-vous payer par Paul, » dit-il à Jacques ; et il lui donne la lettre de change ou la traite par laquelle il invite son débiteur de Marseille à s'acquitter. Jacques, à son tour, contracte dette envers un certain Jean, « Payez à Jean, » inscrit-il avec sa signature, au revers de la lettre. En vertu de cet *endos*, Jean hérite du droit à toucher le montant. Ce droit, il peut également le transmettre, comme on le lui a transmis. Libre à lui d'endosser le billet en faveur de Luc, puis, à Luc, en faveur de Mathieu... La lettre de change, passant de main en main, peut, avant de s'échanger enfin à Marseille contre la somme en espèces, avoir fait le tour du monde, — en quatre-vingt-dix jours.

Le système des effets de commerce substituait à la circulation des lingots et de la monnaie, payements effectifs, la circulation de simples promesses de payement. En pareil cas, tant vaut le prometteur, tant vaut la promesse. Une telle circulation suppose confiance en la solvabilité du débiteur primitif, — Paul dans notre exemple, — confiance aussi dans la solvabilité de Pierre, Jacques, Luc, Mathieu... des endosseurs, en un mot, débiteurs successifs les uns vis-à-vis des autres. Lettres de change, traites, billets à ordre, sont des valeurs fiduciaires par excellence.

En même temps que se développait ce système, la mission du banquier revêtait un caractère nouveau : de simple dépositaire ou changeur de monnaies, le banquier devenait *escompteur*.

Pierre, Jacques, Luc ou Mathieu peuvent avoir, en effet, besoin d'argent comptant. A qui s'adresseront-ils ? Au banquier, « Payez à un tel, banquier à tel endroit, » inscriront-ils en endossant le titre. Le banquier, lui, avancera la somme, en opérant une retenue, toutefois ; retenue proportionnelle au nombre de jours restant à courir jusqu'à l'échéance. En cette occasion, le banquier prête ; il réclame un intérêt. Rien de plus correct. Ce prélèvement constitue l'escompte.

Par le rôle nouveau qu'elle exerce de la sorte, la banque devient la plus facile des industries. Qu'on en juge plutôt.

Me voilà, j'imagine, banquier. Un bureau me suffit, avec une caisse et deux guichets.

Par le guichet de droite, se présentent des capitalistes, gens à la bourse pleine, ne sachant comment employer leur argent, ou désireux de s'affranchir du souci de le faire eux-mêmes fructifier.

« Faites-nous des rentes, disent-ils ; voici notre or.

— Entendu. »

Au guichet de gauche, accourent des commerçants avec leurs portefeuilles gonflés de liasses.

« Voici des traites, escomptez-les.

— Entendu encore. »

Je m'empare des traites présentées au guichet numéro deux. J'en avance le montant, à l'escompte près. Avec quelles ressources? Avec les rouleaux entrés par le guichet numéro un, parbleu ! Mais, si aux seconds je réclame six pour cent d'escompte, aux premiers je ne sers que trois pour cent de revenu. La différence est le prix de mes peines. Un double courant s'établit ; courant ascendant de capitaux placés ; courant descendant de capitaux prêtés. Je deviens, à la fois, un réservoir et une source, avec un jeu d'écluses grâce auquel le réservoir s'emplit plus abondamment que la source ne le vide. Le trop plein constitue mon bénéfice. Combinaison douée de tous les avantages. Mécanisme dont le mouvement n'est qu'une constante démonstration de l'aphorisme connu, boutade aujourd'hui classique et qui, en huit mots, résume tout un traité :

« Les affaires, c'est l'argent des autres. »

CHAPITRE VIII

Les caves de la Banque. — Le rêve et la réalité. — L'organisation. — Législatif et exécutif. — Souvenirs périlleux. — Law et son système. — Ce que coûte un sophisme. — La banque royale et le cours forcé. — La débâcle. — La caisse d'escompte. — Les chapeaux sans fonds. — Les assignats. — Papier-monnaie et monnaie de papier. — Le mécanisme de la circulation fiduciaire.

Quel pauvre diable, une fois au moins en sa vie, ne s'est pas pris, rêvant millions, à effectuer à part soi une promenade sous ces voûtes dont le nom seul paraît doué d'une magie fascinatrice : les caves de la Banque!

Ces quatre mots, pour toute imagination, suffisent à évoquer tout un tableau fantastique : tonnes d'or d'où le fauve métal s'échappe à flots ; sacs d'argent éventrés sous le poids des écus massifs ; bûchers de métaux précieux en barres, allumés et comme crépitant sous la lueur de quelque lampe d'Aladin. Pour un peu, on entendrait le bruissement des louis qui ruissellent, ou la note aiguë des lingots qui s'entrechoquent.

Eh bien ! rien ne ressemble moins à une excursion dans le domaine des Mille et une Nuits, qu'une visite aux caves de la Banque de France.

Rien n'y manque pourtant, ni les tonnelets gorgés de pièces d'or, ni les lingots précieux, ni les amas d'argent en barres; rien n'y manque, sinon la mise en scène et le décor.

De massives caisses en plomb, lourdes de formes comme de matière, contiennent ces amoncellements de richesses. C'est à peine si le visiteur, éclairé par une lanterne dont la faible lueur, à peu de pas, s'absorbe et s'évanouit, peut, ça et là, saisir quelque pâle reflet envoyé par une masse de métal moins ternie que ses voisines.

Si nous parlons du visiteur, c'est qu'à toute scène un acteur est indispensable. En réalité, il est extrêmement rare que la Banque accorde à un étranger la permission de descendre dans ses caves, bien qu'elle n'ait rien négligé pour neutraliser les effets de la puissance tentatrice des trésors qu'elles renferment.

On descend aux caves par un unique escalier, d'une largeur exactement suffisante pour le passage d'une personne. Les marches, disposées en spirales, semblent taillées dans un seul bloc, tant le ciment romain qui les unit présente de force d'agrégation.

Au fond, le long des murailles, sont disposés de mystérieux engins, dont l'arrangement est parfaitement connu des visiteurs habituels et attitrés, mais grâce auxquels la descente d'un indiscret serait cruellement punie.

Tout est prévu, — et qui sait jusqu'où la puissance attractive de l'or pourrait entraîner? — Tout est prévu, même un essai d'attaque par surprise, essai contre lequel une arme décisive est constamment prête : en cinq minutes on peut ensabler complètement l'escalier à vis. Une fois ensablé, il exigerait plus d'un jour pour redevenir accessible.

Du reste, dans le vaste bâtiment dont les entrées principales s'ouvrent sur la rue de la Vrillière et la rue Croix-des-Petits-Champs, toutes les précautions possibles ont été accumulées contre les deux grands dangers à l'abri desquels doit surtout être mis l'établissement qui renferme comme la moelle de la richesse nationale ; deux dangers : le vol pour les matières précieuses, l'incendie pour les titres et les billets.

Partout où se conservent des papiers, effets de commerce, billets de banque, bons du Trésor, etc., on n'a employé dans la construction que la pierre, le fer, la brique. Même on y a remplacé les revêtements en lambris par des revêtements en ardoises.

Avec ces matériaux, on n'imagine guère à quoi le feu pourrait s'attaquer.

Dans toutes les parties de l'édifice où existent des pans de bois, des prises d'eau sont toujours prêtes, les tuyaux et leur garniture restant appendus aux murailles et aux cloisons.

La préfecture de police expédie chaque jour, à la Banque, un contingent respectable de ses meilleurs agents. Précaution d'une absolue nécessité, dans ce temple du dieu Plutus, où les millions entrent, sortent, se déplacent avec infiniment plus de rapidité que les pièces de cent sous dans votre poche ou la mienne.

De quel prestige ce mot : la Banque de France ! n'est-il pas doué dans le monde entier? Et c'est justice. La

Banque est tout un État, ou tout au moins la tête d'un État, celui de la finance. Aussi jouit-elle de tous les rouages qui, suivant les docteurs ès sciences constitutionnelles, organisent un gouvernement complet.

La Banque a son chef du pouvoir exécutif, son assemblée populaire et jusqu'à son sénat.

La masse de la population, en réalité, est représentée, dans cet État spécial, par l'universalité des Français commerçants, car, de toutes nos grandes administrations, la Banque est peut-être celle qui se préoccupe le plus du public auquel elle a affaire.

Mais on conçoit que, dans la rédaction des statuts qui règlent l'existence de notre grand établissement de crédit, on ait dû considérer les choses d'un peu moins haut.

La Banque de France, société financière *privée*, vivant sous le contrôle de l'État, est établie au capital de 182 millions 500,000 francs (le chiffre peut paraître bizarre, il sera bientôt expliqué), divisé en 182,500 actions nominatives.

Les deux cents plus forts actionnaires suffisent pour constituer l'assemblée générale, laquelle se réunit tous les ans une fois au moins.

L'assemblée annuelle élit quinze *régents* (nommés pour cinq ans et renouvelables par cinquième) et trois *censeurs* (élus pour trois ans, se renouvelant par tiers).

Les régents administrent, discutent les mesures à prendre ; ils représentent assez bien un Corps législatif. Les censeurs contrôlent la gestion des premiers, ils forment une sorte de Sénat minuscule. Quant au pouvoir exécutif, il est exercé par un gouverneur, assisté de deux sous-gouverneurs, tous nommés par le président de la République.

Les régents réunis aux censeurs composent le *Conseil* (quelque chose comme le Congrès prévu par la Constitution du 25 février).

Le gouverneur préside les conseils, approuve ou rejette les dispositions adoptées. Il nomme et révoque les agents, signe les traités. Véritable chef de l'exécutif, il possède le droit de *veto,* et peut empêcher l'accomplissement d'une mesure votée par le conseil, bien que sans pouvoir le contraindre à adopter une autre résolution.

Dès le début, avait été établi le régime actuellement en exercice, avec cette différence, toutefois, que le gouverneur, au lieu d'être nommé par le chef de l'État, était, comme les conseurs et les régents, élu par l'assemblée des actionnaires.

C'est en 1801 que Bonaparte, premier consul de la République française, autorisa la fondation de la Banque de France par un groupe de banquiers et de capitalistes, à la tête desquels se trouvaient Perregaux, Le Couteulx, Mallet aîné, Récamier et le fabricant de tabac Robillard.

Il fallait à ces hommes une grande confiance dans l'issue de l'entreprise pour exposer ainsi leurs capitaux.

Au commencement de ce siècle, tout le monde gardait encore le souvenir de la terrible aventure dans laquelle l'Écossais Law avait naguère jeté notre pays. — Et d'ailleurs, il s'était écoulé si peu de temps depuis qu'on avait brisé la planche aux assignats!

Law! Les assignats! Il n'est guère possible de parler

papier-monnaie sans accorder un coup-d'œil aux faits que ces mots rappellent ; faits où notre siècle a puisé pour une grande part son éducation économique, accomplie aux dépens du siècle qui l'a précédé.

Le système de Law, relativement à la circulation, peut se résumer en deux idées, ou plutôt en deux erreurs fondamentales : l'abondance du numéraire, pensait-il, est la source de la prospérité des États ; et quant à la valeur de ce numéraire, elle est purement conventionnelle. De là cette conséquence, que du jour où un vaste établissement concentrerait tous les revenus publics, il serait possible de provoquer la rentrée du numéraire, de le remplacer par des billets en quantité double ou triple, de doubler ou de tripler la richesse, enfin.

Le plan de l'Écossais comportait une banque centrale, possédant comme succursales tous les hôtels des Monnaies ; banque et succursales collectivement chargées, et de la perception des impôts, et de la négociation des emprunts publics, et des avances au commerce ; banque investie des monopoles de toutes les compagnies existantes ; englobant, en un mot, avec tous les services financiers de l'État, ceux que suscite et gouverne l'initiative des citoyens.

« Réunissant les profits de l'escompte, comme banque ; ceux de l'administration, comme fermière des revenus publics ; ceux du négoce, comme compagnie privilégiée, elle pourrait diviser son capital en actions et en répartir les bénéfices ; elle offrirait ainsi son papier comme monnaie circulante et ses actions comme moyen de placement [1]. »

[1] Adolphe Thiers. — *Revue progressive*, 1re livraison, année 1826.

Réduisons le système à son expression la plus rudimentaire. Retournons, si l'on veut bien, en Virginie, sous le régime du tabac-monnaie.

Se figure-t-on chaque livre de tabac déposée dans les magasins publics contre un reçu de trois livres, sous le prétexte que le numéraire circulant se trouvera par là triplé et la richesse aussi ?

Le papier-monnaie, certes, représentera le triple du tabac-monnaie ; mais chaque citoyen se trouvant initié à la situation, sait à merveille que, pour retirer la marchandise de l'entrepôt, il faudrait apporter des *bons* pour une quotité triple. Dès lors, si, la veille, une pipe, par exemple, s'échangeait contre deux onces de tabac en nature, on réclamera le lendemain, pour le même objet, six onces en papier !

Tabac ou métal, la monnaie constitue une valeur intrinsèque. Avant d'être monnaie, elle est objet d'échange. L'illusion que procure le papier ne se prolonge que si ce papier est la représentation fidèle des choses dont il tient lieu. — Et d'ailleurs, le numéraire, même métallique, constitue-t-il la richesse ? Point. Le métal précieux ne fournit qu'un terme de comparaison entre les valeurs des objets. Si tous les produits disparaissaient, sur le globe, ne laissant en présence que cent kilogrammes d'or et cent mille hectolitres de blé, un gramme d'or pourrait s'échanger contre un hectolitre de grain ; mais si l'année suivante on trouvait deux cents kilogrammes d'or sans que la quantité de blé se fût accrue, pour chaque hectolitre il faudrait livrer deux grammes d'or. — En d'autres termes, les métaux précieux sont des équivalents servant aux échanges ; peu importe que leur production double ou triple. Si les objets à échanger ne se multiplient dans la même proportion, leurs prix s'élèvent, la richesse réelle n'augmente pas.

Le plan de Law, proposé en 1700 au Parlement d'Ecosse, fut repoussé. L'Ecossais vint en France. Louis XIV vit en lui, non un financier, mais un huguenot. Cela suffisait pour qu'il n'en voulût point entendre parler.

L'époux de madame de Maintenon, quinze ans plus tard, mourait.

Law revint à la charge auprès du Régent. Celui-ci, aux prises avec la dette écrasante léguée par le « grand-roi, » ne pouvait manquer d'accueillir le réformateur qui s'annonçait comme capable d'un miracle encore inédit : la multiplication des écus. Le « système » fut longuement développé devant le Conseil des finances du royaume.

Le Conseil des finances n'eut pas la foi. Il rejeta le système.

Law, devant le refus péremptoire opposé, rétrécit l'envergure de ses projets.

Il sollicita l'autorisation pure et simple de fonder une banque à ses risques et périls. Il avait pour lui le Régent. Par lettres patentes du 2 mai 1716, l'autorisation fut accordée.

La banque de Law escomptait les effets de commerce et, en échange desdits, remettait des billets remboursables en argent *au porteur,* susceptibles de circuler de main en main par conséquent.

C'était le mécanisme à peu de chose près de la Banque

de France et Law eût pu en être le fondateur. Jusque-là, dans l'organisation qu'il créait, rien à reprendre.

De plus, Law s'engageait à accepter au pair, c'est-à-dire avec leur valeur nominale, les billets souscrits au nom de l'État en reconnaissance de son énorme dette. Ces billets perdaient dans le public soixante-quinze pour cent.

Cependant, avec un capital effectif de 6 millions, l'Ecossais put émettre pour 20 millions de billets de banque sans ébranler la confiance. Tout allait bien ; le 10 avril 1717, un édit autorisait la réception de ces billets pour le payement des impôts. Ce n'était pas encore dépasser les limites de la protection que l'Etat peut accorder à une banque. Mais, à mesure que le succès semblait s'affirmer, l'Ecossais, insensiblement, en revenait à son idée fixe, au système. Petit à petit, il y amenait l'entourage politique du Régent.

On entre dans la voie de l'exécution, en créant en sa faveur le monopole du commerce de la Louisiane et du Canada. En août 1717, se fonde la Compagnie des *Indes occidentales,* au capital de cent millions. L'entreprise promet de beaux bénéfices. Tout le monde est appelé à y prendre part. Deux cent mille actions de 500 livres sont émises. Le public les souscrit avec un enthousiasme d'autant plus vif qu'on ne réclame que le quart du versement en espèces ; on accepte les trois autres quarts, en billets d'Etat dépréciés !

Le commerce des Indes occidentales offre une existence réelle. Des gains sont encaissés. On les partage entre les actionnaires. L'étoile de l'Ecossais resplendit. Le 4 décembre 1718, on s'enfonce un peu plus avant dans le système en proclamant Banque *royale* la banque jusqu'alors particulière. Banque royale, c'est-à-dire que le roi se porte désormais garant du remboursement des billets de banque en espèces. Aussi ces billets prennent-ils un rapide essor. Durant l'année, on en émet pour plus de cent millions. — En mai 1719, au monopole de la Compagnie occidentale, l'on joint le privilège du commerce avec la côte d'Afrique. Nouvelle entreprise greffée sur la précédente. Nouvel appel de capitaux. Nouvelle émission d'actions : cinquante mille.

Grâce aux bénéfices annoncés déjà et que la faveur du public grossit, la valeur des actions, vieilles d'une année, s'est haussée considérablement. On en profite pour élever le taux d'émission des neuves. Celles-là s'appellent les mères ; on dénomme celles-ci les *filles*. Les petites-filles ne tardent pas à venir au monde : cinquante millions de capital souscrit, à raison d'une autre greffe ; l'administration et la fabrication des monnaies jointes à la banque royale, à la Compagnie des Indes et à l'exploitation de la côte africaine.

La gigantesque absorption rêvée par Law, on le voit, se révèle. La gloire de l'Ecossais atteint son apogée. On le décore du titre de contrôleur général des finances. Le chancelier d'Aguesseau, qui lui fait mauvaise mine, est disgracié. Le Parlement, coupable d'hostilité envers le dieu du moment, est exilé à Pontoise. On s'écrase devant les bureaux de la rue Quincampoix. Le jeu, l'agiotage deviennent effrénés. Des bruits sont habilement répandus, au besoin, par les agioteurs : des mines d'or viennent d'être découvertes en Louisiane!... Les actions mères ou filles, montent à quarante fois leur valeur d'émission.

Gloire éphémère. Ascension de brève durée. L'excès exagéré des prix amène d'abord une oscillation : devant ce bond prodigieux de un à quarante, des actionnaires pressés de jouir réalisent ; ils vendent leurs titres ; d'autres ne tardent pas à les imiter. Une masse énorme de cette marchandise se présente ainsi sur le marché. La baisse, conséquence inévitable de la multiplicité des offres, se manifeste. De nouveaux actionnaires, saisis d'une vague inquiétude, se hâtent à leur tour de convertir en numéraire ou en billets de banque royaux le papier qui, peuvent-ils craindre, va baisser davantage encore. C'est comme les premiers tintements d'une cloche d'alarme. Un jour, on apprend que la Louisiane ne recèle point de mines précieuses, que des colons y ont péri de misère. L'alarme devient panique. Les actions tombent, tombent. On se rue vers les bureaux pour obtenir le remboursement, en espèces, des royaux billets de banque.

Comment lutter contre les envahisseurs ?

Le gouvernement a recours au vieux, à l'unique, à l'éternel moyen : le 28 janvier 1720, il décrète le cours forcé ; le public est tenu d'accepter les billets de banque pour monnaie de bon aloi. Pour le coup, voilà le système dans toute sa splendeur! Les yeux, pourtant, se dessillent ; le mirage s'évanouit... notez qu'il se trouve des gens pour expliquer et prolonger le phénomène d'optique auquel les regards se dérobent!

« Le billet d'un négociant, écrit l'abbé Terrasson, pouvant être refusé dans le commerce, ne circule pas comme

La maison de Law et la rue Quincampoix en 1718.

l'argent et par conséquent revient bientôt à sa source. Son auteur se trouve obligé de le payer et par conséquent privé du bénéfice du crédit.

» Il n'en est pas de même du roi. Tout le monde étant obligé d'accepter son billet et ce billet circulant comme l'argent, le roi *paye valablement avec sa promesse.* »

Mais l'explication ne rencontre que des auditeurs rétifs. On défend, alors, l'emploi de l'argent pour les payements supérieurs à 10 livres ; de l'or s'il s'agit de verser plus de 300 livres.

Le 4 février, on réédite de vieilles ordonnances somptuaires par l'interdiction de porter pierres précieuses, perles, diamants ou rubis.

Le 27, l'emploi des bons en papier est rendu obligatoire pour toute somme supérieure à cent francs.

Le 11 mars, on édicte que l'or n'aura plus cours ! Singulière façon de relever le papier !

Law et le gouvernement, l'un entraînant l'autre, se débattent. Pour ranimer la confiance, on imagine de déclarer que les actions seront échangées à volonté contre leur valeur en billets de banque. La foule assiège sans trêve les guichets... Un billet du roi, c'est peut-être encore quelque chose ; une action de la compagnie, ce n'est plus rien... En quelques semaines, *deux milliards sept cents* millions sont ainsi jetés en pâture au public. Deux milliards sept cents millions de promesses royales, derrière lesquelles il y a le néant ! C'est la débâcle. C'est la ruine. Sous le cri de colère de la France, le « système » s'effondre. La Banque est abolie. La Compagnie des Indes, seule, restant debout, se reforme avec une organisation purement commerciale.

Law, l'ex-dieu, s'enfuit, chargé du poids de la malédiction publique et s'en va périr, misérable, dans un coin de Venise.

Telle fut cette fortune sans précédent, avec cette tragique banqueroute, véritable épopée financière, naufrage où sombra pour près d'un siècle le crédit.

En 1776, le droit d'établir une *Caisse d'escompte* fut concédé à un sieur Besnard. La *Caisse* devait venir en aide au commerce en escomptant les effets à un taux maximum de quatre pour cent. Le capital s'élevait à 15 millions. Mais une clause disposait que les deux tiers de ce capital seraient convertis en une avance au gouvernement! On eut beau, devant le concert des réclamations, abroger la clause, le prestige de l'institution n'en était pas moins dès le début fortement entamé. La plaisanterie s'en mêla. Les élégantes portèrent des chapeaux « à la Caisse d'Escompte. » C'étaient des chapeaux dépourvus de fonds. — L'institution rendit des services, pourtant, jusqu'à 1787, où elle se trouva englobée dans la déconfiture générale[1].

Les assignats sont trop près de nous pour qu'il soit utile d'y insister.

L'Assemblée Constituante, en déclarant que les biens du clergé font retour au patrimoine national, constitue, à l'aide de ces biens (décret du 1er avril 1790), la garantie d'un ca-

---

[1] Un décret de la Convention la supprima définitivement le 4 août 1793.

pital de quatre cents millions en papier-monnaie [1]. Le procédé, à la rigueur, est justifiable : c'est l'Etat se prêtant sur gage à lui-même. Chaque billet émis est la représentation d'une portion de terrain. Pour mieux dire, en remboursement des billets, des terres sont assignées. D'où le nom d'assignats. Il est entendu que ces assignats seront retirés et détruits à mesure que se succédera la vente des biens nationaux. Par malheur, rien n'est moins facile que la vente sur commande. D'ailleurs, comment fixer les prix ? Comment savoir ce qu'un assignat représente de mètres carrés et où ? Les premiers assignats, peut-on néanmoins soutenir, présentaient dans les propriétés confisquées de sérieux répondants. Mais comment, devant l'urgence des besoins, résister à la tentation d'en émettre par quantités croissantes ?

En tout état de cause, au surplus, le public eût de beaucoup préféré l'or. La conséquence, en pareil cas, se traduit rapidement...

« Combien ceci ?

— Dix livres.

— Voici un assignat...

— Du papier ?

— Non, de la terre, de la bonne terre au soleil.

— Mais je n'ai nullement besoin de terre... Enfin, soit ! En assignats, ce sera un louis. »

---

[1] Le grand Frédéric avait émis du papier d'une espèce analogue, pour remplir son trésor épuisé par les guerres. Les billets représentaient des terres à vendre. Mais ils produisaient intérêts. Les assignats de Frédéric pouvaient donc être regardés comme des sortes de titres d'emprunt sur hypothèque.

Mais le cours forcé ? Oh ! Avec le cours forcé, le dialogue pourra subir une légère modification.

« De quel prix cet objet ?

— Trente livres.

— Mais en écus ?

— Un louis, et l'affaire est faite. »

La nuance est indéniable. On peut obliger le marchand à ne point augmenter le prix qu'il annonce ; aucune loi ne saurait l'empêcher de consentir un rabais.

Depuis les assignats, donc, une horreur instinctive se manifestait contre tout ce qui pouvait rappeler le papier-monnaie. Il y avait bien de quoi ! La Convention et le Directoire, en quelques années, en avaient émis pour plus de quarante-cinq milliards [1]. Dès 1794, il avait fallu, contre vingt sous de monnaie, donner deux cents francs en assignats ; il en fallait pour trois cent trente francs au commencement de 1796, alors qu'on se décida à briser la planche ; et il en circulait de faux pour une somme impossible à chiffrer avec exactitude.

En Angleterre, les faux assignats étaient fabriqués presque publiquement, à tel point qu'à Quiberon, après la défaite des royalistes alliés aux Anglais, on trouvait dans les bagages de Puisaye pour plusieurs milliards de ces faux, destinés à ruiner la République en achevant de discréditer son papier.

---

[1] Les 400 millions de l'origine étaient devenus, en septembre 1792, 2 milliards 1/2 ; un an après, cinq milliards ; en 1795, vingt milliards passés ; 45 milliards en 1796.

Encore passons-nous sous silence les abus qu'avaient produits l'ignorance et le besoin.

Nous avons parlé des monnaies de crédit, en cuivre, émises par des négociants. On alla plus loin encore.

« Le dogme de la souveraineté nationale, dit Mercier dans son *Nouveau tableau de Paris,* était interprété d'une façon bizarre. Chaque particulier se croyait le droit de battre monnaie à sa fantaisie. La disparition du numéraire avait donné cours à une foule de billets émis par d'obscures maisons de commerce. Des épiciers, des limonadiers écrivaient leur nom, avec paraphe, sur un morceau de parchemin, et voilà de l'argent ! Chacun fit son écu. »

Il n'y a, — il faut insister sur ce point, — il n'y a qu'une analogie extérieure, entre des titres émis en représentation d'une valeur plus ou moins discutable, plus ou moins fictive, et des titres représentant une valeur sérieuse et réelle ; entre des promesses écrites que le public n'est point libre de refuser, et des mandats constamment échangeables contre numéraire ; entre des assignats enfin et des billets de banque. Les assignats étaient du papier-monnaie ; les billets de la Banque de France sont de la monnaie en papier.

Faisons d'avance, cependant, quelques réserves en ce qui concerne les périodes de cours forcé, et expliquons-nous brièvement.

La Banque de France est une institution de crédit dont le papier doit pouvoir circuler partout et remplacer, sans dépréciation sensible, l'or et l'argent. Il faut donc que ce papier ait derrière lui une valeur indiscutable, un répondant dont nul ne doute.

Derrière les billets, se trouvent d'abord les espèces et les lingots précieux entassés dans les caves. Il en existe actuellement pour plus de dix-huit cents millions. Mais, il y a dix ans, ce genre de valeurs ne dépassait pas 600 millions, alors que deux milliards et demi de billets de la banque se répandaient au dehors.

Est-ce à dire qu'alors chaque billet n'était garanti que pour le quart de sa valeur, et qu'aujourd'hui il en représenterait les deux tiers? Pas le moins du monde.

Quelques personnes imaginent que, si la Banque possédait un encaisse métallique équivalent au chiffre des billets émis, sa situation serait particulièrement florissante. Erreur encore.

Ce qui justifie l'existence et le privilège de la Banque, ce qui explique les bénéfices qu'elle réalise, ce n'est pas seulement qu'elle remplace un rouleau d'or par une feuille de papier, c'est l'opération journalière de l'*escompte,* constituant le fonds principal de ses opérations.

Un commerçant a besoin d'argent, il a des effets de ses clients entre les mains ; il va les présenter au guichet de la Banque comme il les livrerait en payement par un endossement quelconque, et la Banque lui en avance le montant, à l'escompte près.

Seulement, la plupart du temps, elle l'avancera en billets de banque.

Pierre, Jacques, Luc ou Mathieu, — du chapitre précédent, — se serviraient volontiers de la traite sur Paul pour solder leurs dépenses. Mais il faudrait rencontrer quelqu'un qui l'acceptât et au besoin rendît la monnaie. Ah! si le débiteur était connu comme solvable et comme voisin, universellement connu, absolument connu! Tel est le cas de la Banque de France, précisément. Lorsqu'elle donne ses billets en échange de l'effet commercial, elle substitue sa signature à celle dont la traite était revêtue. Le titre qui disait :

« Paul payera à telle date ; »

Elle le remplace par un titre qui se traduit :

« A *vue,* la Banque payera. »

A l'échéance des effets, la Banque, à son tour, en touchera le montant auprès de leurs souscripteurs. Ainsi lui rentreront les billets par elle avancés, pour sortir de nouveau le lendemain et continuer indéfiniment le circuit. La Banque se donne toutes garanties, d'ailleurs, pour n'escompter que des effets sérieux.

Elle n'admet aux guichets de l'escompte que des commerçants et des banquiers ayant été de sa part l'objet d'une minutieuse enquête. Et encore ne reçoit-elle que les effets portant, outre l'endos du commerçant ainsi accrédité, au moins une autre signature également notable.

Rien en cela n'indique que la Banque ne vienne pas au secours du petit commerce. Bien au contraire : elle escompte quotidiennement des milliers d'effets dont le montant s'abaisse parfois à vingt, à quinze, et même huit ou dix francs.

Mais ces modestes effets, par suite d'endossements successifs, ont passé des mains du gagne-petit dans celles du détaillant, de celui-ci au marchand en demi-gros, puis au négociant en gros, puis au fabricant, puis au banquier, puis à la Banque ; et comme chacun n'a pris ce billet, revêtu d'abord d'une humble signature, qu'avec l'espoir de le repasser au voisin, c'est la Banque, en définitive, qui a fait l'avance des quinze francs au crédit du gagne-petit, tout en se couvrant, le cas échéant, de la responsabilité des autres.

Le *portefeuille* de la Banque est, en réalité, de l'or en barres. C'est une valeur respectable presque au même titre que l'encaisse métallique, et qui se renouvelle constamment.

CHAPITRE IX

La fabrication. — Une imprimerie modèle. — Les voyages d'un billet de banque. — Les billets palimpsestes. — Tours d'ingéniosité. — Les contre-facteurs. — Le problème des petites coupures. — Les timbres-poste.

C'est à la Banque même que sont fabriqués les billets, ou plutôt qu'ils subissent l'impression.

La production du papier, en effet, opération préliminaire mais non la moins importante, est extérieure à notre grand établissement financier.

Une manufacture spéciale est établie en Seine-et-Marne. On y fabrique le papier par le procédé dit *à la main,* feuille par feuille. Chaque carré, destiné à recevoir l'empreinte qui le transformera en monnaie volante, porte, au sortir de l'atelier, le filigrane visible par transparence : Une tête de Mercure pour les billets de 100 et de 50 fr.

Un détail suffira à faire apprécier le soin minutieux avec lequel on procède : malgré la perfection des moyens, malgré l'habileté des ouvriers, on ne rejette pas moins de soixante pour cent des feuilles préparées.

Les feuilles irréprochables, réunies par rames de cinq cents, sont ficelées, empaquetées et renfermées dans une caisse en fer, munie de deux serrures de mécanisme différent.

Les deux clefs sont confiées à deux personnes. Ainsi, lorsque l'on décide la création d'une nouvelle série, il faut le concours de deux fonctionnaires pour mettre l'imprimerie en possession du papier destiné à la gravure.

Cette imprimerie, située dans l'enceinte de la Banque, est occupée, est-il besoin de le dire, par un personnel de confiance. Les ouvriers qui y travaillent sont non-seulement des hommes d'une probité sûre, mais de véritables artistes dans leur profession.

L'exécution d'un billet de banque doit être parfaite. Tout ce que nous avons eu l'occasion de faire observer à propos de la Monnaie, nous pourrions le redire, en insistant, au sujet de la Banque.

Encore la monnaie, même avec quelques imperfections matérielles, conserve-t-elle la valeur marchande du métal qui la compose. Les billets de banque, signes purement représentatifs, ne sauraient être d'une exécution insuffisante, sous peine, les faux se multipliant, de tomber dans un rapide discrédit.

Aussi, la Banque de France a-t-elle prodigué tous ses soins à la préparation des planches d'acier sur lesquelles les plus habiles graveurs burinent l'ensemble des vignettes caractéristiques de chaque catégorie de billets.

Ces planches-mères ne servent pas d'une manière directe au tirage, lequel est effectué à l'aide de clichés confectionnés soigneusement.

La planche des billets de mille francs, gravée par Barre père, date de 1842. Elle a coûté trois années de travail !

La planche du billet actuel de 100 francs (le modèle a été, il y a une vingtaine d'années, l'objet d'une modification) a coûté cinq ans de labeur ! Il faut regarder un billet de cent francs à la loupe, pour se rendre compte de l'accumulation de difficultés qui devraient décourager les imitateurs à jamais.

L'impression s'opère, comme on sait, à l'encre bleue indélébile. La composition de l'encre est tenue secrète.

Le numérotage, à l'encre noire, a lieu après la gravure, à l'aide d'une presse à mécanisme automatique. A chaque feuillet qui passe, le chiffre des unités change ; après dix billets, c'est le chiffre des dizaines, puis celui des centaines...

Lors de l'émission des coupures inférieures à 50 francs, le temps pressait ; il n'était pas permis de songer à des années de préparation.

Néanmoins, pour obtenir une exécution aussi parfaite que possible, on traça d'abord les dessins à une échelle exagérée ; puis on les réduisit, par la photographie, aux dimensions voulues. Alors seulement les planches subirent gravure et clichage.

A mesure que les billets sont imprimés, ils sont remis au chef de la comptabilité particulière tenue à cet effet. Celui-ci y appose, à la place toute prête, la griffe du secrétaire général.

Tels quels, ils ne sauraient encore entrer en circulation ; il leur manque une dernière signature, qui seule leur donnera la valeur indiquée : la signature du caissier principal. Cette griffe n'est appliquée qu'au moment où les billets doivent incessamment sortir.

Un billet de banque, en moyenne, ne dure guère que deux ans et demi ou trois ans. Au bout de ce laps, criblé de trous, déchiré, sali, il rentre définitivement, Dieu sait après quels voyages à travers les portefeuilles et les poches! Les employés de la Banque doivent parfois exécuter de véritables tours de force, ou plutôt d'adresse, pour les reconnaître.

M. Maxime du Camp, dans son étude sur la *Banque*, cite des billets retrouvés aux trois quarts consumés après un incendie ; d'autres, avalés par une chèvre, découverts à demi digérés dans l'estomac de la bête. D'autres encore avaient bouilli dans une lessive avec le gilet blanc dans les poches duquel on les avait oubliés... Il faut évidemment une sagacité particulière, unie à une patience exceptionnelle, pour reconstituer de semblables lambeaux.

Enfin, il est hors de doute que, de temps à autre, quelques billets ne soient totalement détruits : il y a les incendies, les naufrages. Ainsi, sur 24,000 billets de mille francs émis à l'origine (9 messidor an XI), une trentaine, non rentrés, manquent encore à l'appel. Il est évidemment peu probable qu'il reste en circulation des billets ayant plus de quatre-vingts ans d'âge.

De même pour les cinquante ou soixante billets de 500 fr. manquant à la Banque, sur la série des 25,000 émis à la même époque.

Le sort des propriétaires de billets disparus est assez difficile à définir. Sort malencontreux à coup sûr. Toutefois, rien n'est plus faux que le préjugé en vertu duquel on fait bénéficier la Banque des billets perdus ou détruits.

Tant qu'un billet n'est pas rentré, on ne saurait l'annuler sur les registres ; il figure toujours comme s'il demeurait en circulation, c'est-à-dire au passif de la Banque. Si celle-ci liquidait, faute de pouvoir rembourser au porteur un billet dont le porteur ne serait personne, elle en devrait la représentation en espèces ou en immeubles et, un certain délai écoulé, comme au cas d'une succession en déshérence, l'héritier serait l'Etat.

On défrayerait aisément un volume avec le seul récit des tentatives auxquelles notre grand établissement de crédit n'a pu échapper que grâce à la perfection croissante de ses billets.

Il s'agit ici, on le comprend, des tentatives d'imitation.

De tous les moyens imaginés pour les dérouter ou les combattre, le plus ingénieux, sans contredit, comme le plus original, est celui qui, pour la Banque, consiste à s'efforcer de s'imiter elle-même.

Bien entendu, la Banque ne s'amuse pas à contrefaire ses billets pour « tout de bon » ; mais elle entretient dans des laboratoires spéciaux tout un petit comité de chimistes et d'artistes, dont l'unique souci est de s'évertuer à reproduire, par des procédés autres que ceux qu'emploie la Banque, soit le papier filigrane, soit la vignette, soit l'encre secrète servant à l'impression.

Chaque découverte en ce genre est le point de départ obligé d'un perfectionnement nouveau.

Ainsi, depuis bientôt vingt-cinq ans, on a renoncé à l'impression en noir, pour adopter l'impression en bleu. La photographie était arrivée à reproduire avec une mathématique exactitude les vignettes et marques diverses des anciens billets.

En adoptant l'encre de couleur, on n'avait pas dit le dernier mot de la résistance à la fraude.

On pouvait craindre que les faussaires ne continuassent à reproduire en demi-teinte, par l'intermédiaire d'un objectif, le fouillis savant des dessins de la Banque, pour repasser ensuite les traits à l'encre colorée; travail n'exigeant qu'une certaine souplesse de main et de la patience.

Il fallait trouver une couleur que la photographie ne pût rendre sinon par une teinte, ou extrêmement pâle, ou entièrement noire. On pouvait surtout hésiter entre le bleu qui, en photographie, n'impressionne le papier guère plus que le blanc; et le jaune, qui se traduit en noir sur la plaque sensibilisée. Le bleu fut choisi.

Parfois, cependant, se rencontre qnelqu'un qui, pour copier à l'encre bleue un billet de cent francs, dépense plus de patience, plus de talent et plus d'habileté qu'il ne lui eût été nécessaire pour gagner dix fois cette somme en moins de temps.

Lorsque ces essais plus ou moins réussis arrivent à la Banque, celle-ci ne s'en émeut que médiocrement. Elle se borne à tenir collection de ces curiosités d'un ordre particulier.

Une seule fois, depuis le commencement de son existence, elle put concevoir de sérieuses inquiétudes.

Vers 1853 commencèrent une série de tentatives, poursuivies à peu près sans interruption durant près de huit années. Presque chaque jour, avec une régularité désespérante, étaient présentés aux guichets des billets, contrefaits si étonnamment que les employés, perdus dans les masses maniées par eux, s'y laissaient invariablement prendre. Un peu plus tard, seulement, dans les bureaux, le faux se dénonçait par un imperceptible trait noir, trace, sans doute, de quelque cheville imparfaitement arasée, car, de toute évidence, ces faux avaient subi l'impression et le tirage à l'aide d'une planche, comme dans les ateliers mêmes de la Banque.

D'ailleurs, nous l'avons expliqué, le numérotage suffit à dévoiler, tôt ou tard, l'imitation la plus parfaite.

La Banque payait sans souffler mot, se gardant de toute publicité. L'imitation ne pouvait être découverte que chez elle ; elle n'eût donc réussi qu'à discréditer les billets de cent francs auprès du public, pour lequel ils pouvaient cacher autant de faux.

Pendant ce temps, une information était conduite, avec le concours des meilleurs agents de la Préfecture de police. Ce ne fut qu'en 1861 pourtant qu'on arrêta l'auteur des faux, ancien employé de la Banque, un certain Giraud de Gâtebourse, — nom prédestiné s'il en fut, — dont l'affaire fit grand bruit.

Puisqu'il est question, ici, de noms prédestinés, ajoutons que l'agent qui réussit à mettre la main sur le faussaire s'appelait, et non d'un sobriquet, M. Tenaille.

Après la guerre de 1870-71, au moment où l'absence de numéraire rendait les menues transactions quotidiennes si difficiles, on se rappelle comment la Banque vint au secours du public et tua dans leur germe les spéculations des

Le vestibule de la Banque de France.

marchands de monnaie, en émettant une quantité suffisante de petites coupures.

Les besoins étaient pressants, la Banque devait procéder au tirage des nouveaux billets (20 fr. et 5 fr.) avec une excessive rapidité, on pouvait craindre que la promptitude de l'exécution, généralement en raison inverse de ses qualités, ne laissât trop beau jeu aux fraudeurs.

Grâce au célèbre constructeur de presses d'imprimerie, M. Marinoni, la Banque put faire marcher de pair la vitesse et la netteté du tirage. En peu de jours, M. Marinoni fournissait à la Banque trente machines spéciales, que notre grand établissement de crédit, vu l'insuffisance de son imprimerie particulière, installait dans un local de la rue d'Hauteville.

C'est également à M. Marinoni, il y a peu de temps, que la Banque demandait ses machines à timbres-poste. Car la fabrication des timbres-poste, longtemps confiée à l'Hôtel des monnaies, appartient désormais à la Banque de France.

Les timbres-poste constituent-ils du papier-monnaie? Beaucoup de commerçants les considèrent comme tels, tout au moins lorsqu'il s'agit de faibles sommes. Sans avoir cours légal, ils entrent, petit à petit, dans les habitudes de certaines industries de détail où la correspondance est active et où, par suite, les nécessités d'affranchissement sont nombreuses ; la librairie, notamment.

Les timbres-poste représentent, en quelque sorte, le menu papier-monnaie, ou, si l'on veut, le billon. A ce titre, on conçoit les soins dont ils sont l'objet. — On sait, par exemple, que la vente en est attribuée exclusivement aux personnes qui, comme les débitants de tabac, sont placées sous le contrôle direct de la Régie. D'autres précautions encore ont été prises contre les tentatives des contrefacteurs.

Comme pour le numéraire, on s'est efforcé de multiplier les difficultés matérielles d'exécution.

Les opérations principales s'accomplissent dans une imprimerie proprette : le procédé est celui de la gravure sur planches de cuivre ; le papier employé est d'un grain spécial ; il est fabriqué expressément pour sa destination, par une manufacture d'Angoulême.

Avant d'être mises sous presse, les feuilles subissent un vernissage très délicatement opéré au pinceau. La composition du vernis doit rester à l'état de secret.

Ce vernis forme à la surface du papier comme un épiderme extrêmement fin, sur lequel l'encre de couleur se déposera en traits déliés.

Après séchage, les feuilles subissent l'impression à raison de 300 empreintes formant une sorte de damier sur chacune ; une lame mue mécaniquement les divise ensuite en demi-feuilles de 150 timbres-poste.

Puis on procède au gommage du *verso*.

Après séchage complet, enfin, chaque damier passe au *pointillage* destiné à rendre plus facile la séparation des timbres.

La machine à pointiller, aussi simple qu'ingénieuse, a pour organe essentiel un cadre divisé par des pointes aiguës en 150 petites cases de la dimension des timbres ; le cadre ajusté sur les feuilles, les rangées de pointes répondent aux lignes de séparation des figures.

Une légère pression suffit pour piquer 4,320 trous dans un lot de plusieurs feuilles.

Une commission de contrôle, en recevant de la fabrication les timbres-poste, vérifie les empreintes. Les feuilles acceptées, mises sous clef, ne sortent plus des armoires qui les renferment, sinon contre reçu d'un agent de l'administration des postes.

L'administration ne tient nullement à en encombrer ses bureaux. Elle prélève les cahiers au fur et à mesure des besoins.

Quant aux frais de fabrication, ils sont peu considérables : les timbres-poste reviennent à l'Etat à un franc le mille, approximativement.

La Banque ne paye pas à aussi bon compte ses papiers à vignette. Il est vrai que les soins à apporter sont autrement minutieux ! — Un billet de mille francs, du poids de un gramme, revient à très peu près à soixante-quinze centimes.

CHAPITRE X

Limites d'émission. — Ce qu'on trouve dans deux milliards et demi. — L'état civil d'un billet de banque. — Le langage des chiffres. — Assauts à soutenir. — Les marchands de monnaie. — Le cours forcé et le cours légal.

On sait que la limite de la somme de billets émis par la Banque, fixée à 2 milliards 400 millions en 1870, a été étendue à 2,800 millions par la loi du 30 décembre 1871, après une discussion où M. Thiers ne triompha de préjugés profondément enracinés, que grâce à l'admirable lucidité de son éloquence, et grâce aussi au concours moral des administrateurs de la Banque.

Ce chiffre a été temporairement élevé à 3,200 millions par la loi du 15 juillet 1872.

La véritable limite de la circulation des billets est indiquée surtout par les besoins du crédit public. Au 31 décembre 1871, si la loi n'eût passé, la Banque se voyait peut-être réduite à refuser l'escompte à quantité d'effets de commerce revêtus des signatures les plus honorables. Elle eût jeté ainsi la perturbation sur la place.

Quelques mois après, au contraire, des rentrées importantes ayant suivi, plusieurs centaines de millions en billets étaient revenus rue de la Vrillière.

Rien n'est plus variable, en définitive, que le chiffre de

la circulation des billets ; rien ne doit moins faire naître de craintes que le grossissement de ce chiffre, un billet de Banque ne sortant que contre espèces, ou bien contre un billet commercial, c'est-à-dire une promesse absolument sérieuse de restitution.

Pour nous donner une idée de la façon dont cette circulation se décompose eu égard aux divers types, empruntons à M. de Malarce le tableau de notre monnaie fiduciaire à une date récente, tableau susceptible d'être regardé comme présentant sensiblement une moyenne.

Au 27 janvier 1881, la circulation des billets de la Banque de France atteignait 2 milliards 524 millions de francs, représentés par :

5	billets	de	5.000 fr.
1.370.596	—	de	1.000 fr.
712.243	—	de	500 fr.
2.889	—	de	200 fr.
7.555.345	—	de	100 fr.
671.119	—	de	50 fr.
25.587	—	de	25 fr.
289.999	—	de	20 fr.
189.095	—	de	5 fr.

Plus 1.224 — d'anciens types de deux cents, de cinq cents et de mille francs.

Circulation garantie par un encaisse métallique qui flotte entre un milliard et demi et deux milliards (le tiers en or, les deux tiers en argent) ; par le capital des actions : 182 millions, et par le portefeuille des effets de commerce escomptés (à 3 mois d'échéance au maximum) lequel surpasse habituellement un milliard.

Quoi qu'il en soit, tantôt à raison de nouveaux besoins, tantôt simplement par suite de la rentrée de billets hors d'usage, la Banque doit, de temps à autre, anéantir ceux-ci pour créer des émissions nouvelles.

Toute émission, décidée par le conseil administratif sur la proposition du gouverneur, a lieu par groupe ou *alphabet* de 25,000 billets, — mille pour chaque lettre alphabétique.

Les billets portant la désignation de la lettre de l'alphabet à laquelle ils correspondent, numérotés, d'ailleurs, d'après le rang de leur tirage parmi les mille que caractérise la même lettre, doivent forcément différer de l'un à l'autre, soit par la lettre, soit par le numéro.

Quant à l'alphabet, il est indiqué par la date même de sa création, et, en outre, par un chiffre spécial.

Par exemple, jetons les yeux sur un billet neuf, récemment sorti des armoires de la Banque de France, un billet de cinquante francs. L'explication sera plus facile à suivre, les billets de mille francs étant, selon toute probabilité et sans vouloir faire injure à personne, moins à la portée de tout le monde.

Immédiatement au-dessous de l'indication

CINQUANTE FRANCS,

au milieu de la feuille, on peut lire :

30 décembre 1881

c'est-à-dire que l'émission de la série ou alphabet auquel le billet appartient a eu lieu par décision rendue en 1881, le 30 décembre.

A droite et en haut, indication répétée en bas à gauche, nous rencontrons, imprimé en noir :

A. 852

Le billet appartient à la lettre A de l'alphabet 852.

Mille billets portent la même empreinte ; mais ces mille-là diffèrent entre eux par l'indication gravée, également en noir, en haut à gauche et en bas à droite. Sur le nôtre l'on trouve : 189. Il est donc le 189e de la lettre A de l'alphabet 852.

Enfin, en chiffres plus petits, d'un corps plus maigre, est gravé, sous la date du 30 décembre 1881, le nombre 21,275,189 dont les trois derniers chiffres répètent le numéro du billet dans le mille auquel il appartient.

Traduction : Il y a eu, depuis les origines de la Banque jusqu'à l'exemple qui vient de nous servir, 21,275,189 billets de cinquante francs.

Vérifions : l'alphabet portant le nº 852, l'on en a auparavant émis 851, c'est-à-dire huit cent cinquante-et-une fois 25,000 ou 21,275,000.

D'ailleurs, le billet étant caractérisé, dans l'alphabet 852, par A et 189, il est le 189e du 1er mille, ou le 189e dudit alphabet ; 189 et 21,275,000 font bien 21,275,189, rang de notre billet dans la fabrication générale de ceux de cinquante francs.

Ainsi, deux billets de banque ne sauraient être semblables ; ils diffèrent de l'un à l'autre par au moins une de ces indications qui constituent, pour chacun, un état-civil complet. Tout y est réuni : nom de famille, prénom, date de naissance.

La comptabilité de la Banque est un véritable registre d'état-civil, effectivement. Chaque billet y est désigné à sa naissance. Un trait de plume suffit de même à indiquer le jour de sa mort, c'est-à-dire l'époque à laquelle, froissé, déchiré, maculé, hors d'état de continuer à servir, il rentrera à la Banque pour y demeurer.

Il est absolument impossible, de la sorte, que des faux soient commis sans que la Banque, dans un délai relativement court, ne le sache.

Tous les billets, tôt ou tard, y retournent. Cela est de leur essence naturelle, puisqu'ils n'offrent qu'un signe et non un papier-monnaie. Or, de deux billets identiques, l'un est forcément faux.

L'imitation eût-elle été tellement parfaite que les employés des guichets s'y fussent trompés, elle se dénoncera dans les bureaux.

Comme on vient de le voir, un billet avarié, une fois rentré, ne sort plus. On l'annule sur le registre où fut indiquée sa création. Puis, les billets invalides, troués à l'emporte-pièce et mis hors d'usage, s'accumulent dans des caisses spéciales, après avoir été classés, toutefois, par alphabets.

Leur masse devenue suffisamment considérable, on les brûle, en présence des trois censeurs.

L'opération s'effectue dans des sortes de brûloirs à café, où le papier se consume et se réduit en une poussière noire.

Il y a quelques années, l'émission des coupures de vingt-cinq, de vingt et de cinq francs, coupures qu'une circulation excessive macule, graisse et déchire en très peu de mois, obligeait la Banque à fréquemment se débarrasser, par l'incinération, de quantité de billets.

Aujourd'hui, la plus grande partie des petites coupures ayant disparu, le léger incendie périodique s'allume de moins en moins souvent.

Rien n'a été négligé, on le voit, pour prévenir les tentatives d'imitation ou de soustraction. Aussi, n'est-ce point de la part des faussaires que la Banque a eu à soutenir les assauts les plus rudes. Si elle a jamais couru des dangers, c'est plutôt sous l'influence des fluctuations du crédit public, suite inévitable des révolutions, des guerres et des crises.

Dès 1805, pendant la campagne d'Autriche, à la suite d'une panique inexplicable — comme toutes les paniques, — la foule assiégeait la Banque, sollicitant l'échange des billets contre du numéraire. Celle-ci s'exécutait ; mais le Conseil, alarmé, faisait écrire à l'empereur par son frère Joseph Bonaparte, pour solliciter un décret édictant le cours forcé.

« Payez ou fermez boutique, fit répondre laconiquement Napoléon ; je ne veux pas de papier-monnaie. »

On paya, et bien en fut le résultat.

En 1848, l'alarme fut plus sérieuse. On n'a pas oublié la torpeur générale où les capitaux semblaient endormis. On avait beau, à la tribune comme dans les journaux, prêcher la confiance, la confiance ne se prêche guère que d'exemple. La Banque avait beau rembourser ses billets à bureaux ouverts, la queue était si longue aux guichets et si compacte, qu'à quelques pas de là les billets subissaient 7 0/0 d'agio.

La situation devenait difficile, la Banque touchait aux derniers millions de son encaisse. Elle se concerta avec le gouvernement provisoire. Avec beaucoup de sagesse, on évita de prononcer le mot de *cours forcé,* tout en édictant le *cours légal,* et en autorisant l'émission de coupures de 100 francs (elles n'existaient point encore).

Les premiers jours, on cria aux assignats ; on n'eut pas de peine à montrer l'immense différence séparant le billet de banque de l'assignat ; différence que nous avons fait ressortir plus haut.

Bref, un an plus tard, les billets regagnaient le pair, et le cours légal prenait fin le 6 août 1850.

C'est une preuve de la sagesse reconnue de la Banque, comme de la vitalité financière du pays, que, malgré des désastres sans précédent, la troisième république n'a eu à subir aucune alerte de ce genre.

Le cours forcé, imposé par la crise de 1870, a duré jusqu'au 31 décembre 1877, sans que les billets aient perdu de leur valeur nominale. On savait bien quelle garantie solide offrait le portefeuille des effets escomptés. A telles enseignes que, le 1er janvier 1878, l'abolition du cours forcé s'opéra, presque sans que personne s'en aperçût !

A vrai dire, au cours du payement des cinq milliards de notre rançon, les espèces s'étaient singulièrement raréfiées ; le billet de banque subit pendant quelques mois un faible agio.

Sous ce titre : *La disette de numéraire,* une feuille populaire, le *Petit Journal,* écrivait à ce moment :

Depuis quelques jours, le manque de monnaie affecte vivement les affaires courantes du petit commerce. Bien des gens se voient obligés de renoncer à un achat, parce qu'ils ne trouvent pas à se faire rendre sur un billet de banque.

De là une sorte de malaise général, qui se traduit plus particulièrement, à l'heure du marché, par de nombreuses discussions entre vendeurs et acheteurs.

Nous avons même vu, ce qui est fort regrettable, des personnes qui, outrées de ne pouvoir trouver à changer un billet, vont chercher la police et prétendent obliger le marchand à leur rendre, sur un achat quelconque.

C'est là une interprétation très fausse du *cours forcé* dont jouissent les billets de banque.

Celui qui achète, par exemple, pour cinquante francs de marchandises, peut payer en un billet de cinquante francs, nul n'a le droit de refuser le papier de la Banque de France.

Mais celui qui achète pour une somme inférieure à la valeur du billet, ne saurait forcer le négociant à lui rendre de la monnaie, pas plus que s'il le payait avec une pièce d'or.

On comprend bien que si la monnaie manque, elle manque dans les boutiques comme chez les ménagères, et l'on ne peut forcer le marchand à créer une chose qu'il n'a pas.

Quel remède faut-il opposer à ce fâcheux état de choses ? Les uns parlent de faire des coupures de 5 fr. et de 10 fr.; d'autres engagent la Banque à se dessaisir d'une partie de son encaisse métallique pour remettre une certaine quantité d'or et d'argent dans la circulation.

Nous ne voulons pas, aujourd'hui, étudier la question au point de vue économique. Nous nous bornons à donner à nos lecteurs un conseil aussi simple que pratique dans les circonstances actuelles, et en attendant que le gouvernement ait apporté une solution véritable.

Nous engageons tous ceux qui peuvent disposer à la fois d'une somme d'une certaine importance à *éviter* d'avoir besoin de monnaie, et voici comme :

Vous allez, par exemple, chez un fournisseur habituel, il

refuse de vous rendre la monnaie d'un billet de vingt francs. Faites simplement inscrire votre dépense, qui devient pour vous une dette; faites-en autant le lendemain, le surlendemain et jusqu'à ce que votre compte s'élève à vingt francs ou à peu près. Vous donnez alors votre billet et vous soldez d'un seul coup le compte de plusieurs jours.

Le conseil n'était pas mauvais, bien que d'une tout élémentaire simplicité. Quantité de gens qui n'y avaient point songé en firent avec succès l'application. Application, néanmoins, limitée nécessairement à un certain nombre de cas particuliers, et impuissante à remédier, en somme, au manque général de numéraire.

Le gouvernement, de son côté, s'inquiétait.

La Banque pouvait se dessaisir, en faveur de la circulation, d'une partie de son encaisse. Procédé probablement défectueux. On sait, en effet, avec quelle facilité la mauvaise monnaie chasse la bonne. Les spéculateurs eussent assiégé la Banque pour en extraire l'or, l'argent, les accaparer de façon à provoquer une hausse nouvelle des métaux précieux et revendre ensuite avec bénéfice leur monnaie métallique.

On préféra s'en tenir au système des petites coupures. La Banque émit des billets de vingt francs et de cinq francs. Le public n'eut plus à lutter contre le mauvais vouloir des détenteurs d'espèces. La confiance, d'ailleurs, n'avait subi aucune atteinte. Grâce à un commerce d'exportation subitement réveillé, nos milliards, à peine sortis, rentraient par toutes les frontières. Fait curieux, ce fut précisément devant l'extraordinaire circulation du papier, devant la profusion des billets infimes, que les espèces commencèrent à sortir des cachettes où les tenaient renfermées les spéculateurs. Le retrait des petites coupures s'opéra, de la sorte, le plus naturellement du monde, par les versements aux caisses publiques et par le recouvrement, à l'échéance, de la part la Banque, des effets escomptés.

Depuis le 1er janvier 1878, comme avant 1870, les billets de la Banque de France peuvent être échangés contre espèces, aux guichets de Paris ou des succursales de province. Le *cours forcé* a disparu. Il s'est réduit au *cours légal.* Le cours légal donne aux billets force libératoire dans les payements. En d'autres termes, le créancier ne peut les refuser de son débiteur, mais la Banque est prête à lui remettre, en échange, de la monnaie métallique.

Avec le cours forcé, les billets de banque représentaient du papier-monnaie. Le cours légal leur restitue leur vrai rôle : il en fait une monnaie de papier.

CHAPITRE XI

La banque de Hambourg. — Payements par virements. — Le chèque. — Le système des compensations. — Les chambres de liquidations anglaises. — Le *Clearing-House*.

De 1619 à 1875, la principale des trois villes hanséatiques présenta, au point de vue des échanges, une remarquable particularité. Les négociants de Hambourg effectuaient le dépôt de leurs espèces dans un établissement spécial : la Banque. L'administration de la Banque, gardienne de ces dépôts, se chargeait de liquider créances et dettes entre les déposants. Un simple transfert, et le dépôt du créancier grossissait aux dépens de celui du débiteur. Dans tout le haut négoce hambourgeois, les payements s'opéraient ainsi, sans que le numéraire eût besoin de sortir des coffres où il demeurait enfermé [1].

La somme des dépôts atteignait 120 millions lorsque, le 31 décembre 1875, après deux siècles et demi d'existence, la Banque cessa ses opérations.

[1] Pour remédier à la diversité des monnaies, les dépôts étaient invariablement exprimés en une monnaie de compte, monnaie idéale : le *marc-banco* (1 fr. 87 environ). Par exemple, un marc pesant d'argent fin, ou 234 grammes à peu près, déposé en lingot ou en monnaie, créditait le déposant de 27 marcs-banco 3/4.

Le mécanisme de la banque de Hambourg était aussi simple qu'ingénieux. Perfectionné, il a donné naissance à deux institutions dont l'une, le chèque, n'a guère acquis de développement que depuis une vingtaine d'années chez nous ; l'autre n'y a pas pénétré encore : il s'agit du payement par compensation de dettes réciproques.

Deux personnes ont confié des capitaux à la même banque. Pierre contracte dette envers Paul. La situation se liquidera par un simple virement, opéré par les soins du banquier. Le résultat est exactement le même que si, la caisse de la banque se composant d'autant de cases qu'il y a de clients, le montant de la dette eût été retiré de la case du débiteur pour grossir le contenu de la case du créancier.

Mais si Paul ne possède point de dépôt à son compte à la Banque ? — Alors, Pierre libellera, sur un feuillet de papier à l'adresse de celle-ci, l'invitation dont voici la formule ou à peu près : « Payez à Paul, sur mes fonds, la somme de ... » Cet ordre qui ne comporte point d'échéance, qui est immédiatement valable et exécutoire, est un *chèque*.

Le débiteur, au surplus, a-t-il à s'enquérir de la situation de son créancier ? Qu'importe à Pierre que Paul possède ou non un compte à la banque ? Une fois celui-ci en possession du chèque, il en usera à sa convenance, soit pour retirer la somme, soit pour la faire transférer, sur les livres de la banque, à son propre nom.

Théoriquement, dans une localité en possession d'une banque, si chaque habitant avait un capital déposé dans cette sorte de coffre-fort commun, tous les payements s'y pourraient effectuer sans qu'un centime fût jeté dans la circulation. Un simple jeu d'écritures. Tous les soirs, le banquier, colligeant les chèques apportés durant le jour, opérerait le transfert des sommes correspondantes, des comptes de ceux qui doivent aux comptes de ceux auxquels il est dû. Par là tout serait dit.

Un idéal de ce genre ne saurait être atteint. Si l'on s'en inspire, toutefois, il devient possible de restreindre considérablement la quantité de numéraire indispensable aux opérations du commerce. Ainsi, tandis qu'en France, le total des monnaies fiduciaires ou métalliques est évalué à huit milliards et demi (3 milliards 800 millions en or, 1900 millions en argent à neuf dixièmes, 300 millions à bas titre, 2 milliards 500 millions en billets de banque), l'Angleterre, le pays le plus commerçant du globe, suffit à ses transactions avec 3 milliards 700 millions en or ou argent et 1100 millions en bank-notes.

Cette économie est le fait de la chambre des liquidations : le *Clearing-House.*

Il y a un peu plus d'un siècle, quelques-uns des banquiers de la Cité, à Londres, eurent l'idée de louer à frais communs un modeste local. Ils s'y réunirent périodiquement, eux ou leurs commis, pour trier les effets contenus dans leur portefeuille, rechercher respectivement ceux que chacun pouvait avoir de payables chez les autres, opérer l'échange et, en cas de défaut de compensation, tenir registre des différences ou les régler sans plus de délai.

C'était là une sorte de club de la finance. Le caractère en était absolument privé. Tout s'y passait comme en famille, et, si nous en croyons les historiens, en secret.

Peu à peu, cependant, le secret transpira. D'autres banquiers, frappés des avantages de la combinaison, demandèrent à y participer. Le réseau s'étendit. Si bien qu'actuellement, tout en demeurant une association privée et libre, le *Clearing-House* accomplit chaque jour le plus formidable travail de règlements qui s'effectue sur le globe.

« Le Clearing-House est une salle oblongue, d'une grande simplicité, garnie sur trois côtés et dans le milieu de pupitres placés dans des compartiments. A l'une des extrémités s'élève un petit bureau pour les deux surveillants. Chaque banque envoie autant de commis qu'il en faut pour exécuter le travail rapidement, et quelques banques n'ont pas moins de six commis. Les chèques et effets que l'une de ces banques, par exemple, l'*Alliance Bank*, doit présenter aux autres, ont été inscrits d'abord dans les bureaux de cette banque, sur un livre appelé « *Out clearing book* », puis divisés en vingt-cinq paquets, d'après le nombre des autres banques de liquidation, dont chacune recevra un de ces paquets [1].

« En arrivant au Clearing-House ces paquets sont distribués, autour de la salle, aux pupitres des commis qui représente les différentes banques payantes ; ceux-ci les inscrivent immédiatement sur les livres appelés « *In clearing books* », aux colonnes qui portent en tête le nom de la banque qui les présente. Après avoir été enregistrés, les effets sont aussitôt que possible envoyés aux bureaux de la

[1] La cité compte 26 principales banques.

banque. Tous les chèques ou billets dont le paiement est refusé sont appelés « renvois » *(returns)* ; ils peuvent d'ordinaire être adressés de nouveau au Clearing-House le même jour, et sont alors inscrits comme revendication inverse faite par la banque qui les refuse sur les banques qui les lui ont présentées.

« A la fin de la journée, les commis de l'*Alliance Bank* sont en état de faire le total des sommes que réclament d'eux les vingt-cinq autres banques, et ils voient dans l'*Out clearing book* le total des sommes que l'*Alliance Bank* réclame aux autres banques. La différence est la balance pour laquelle l'*Alliance Bank* devra, suivant les circonstances, payer ou être payée. Les balances sont communiquées aux surveillants du Clearing-House ; ils les inscrivent sur une sorte de feuille des balances.

» Quand les additions totales sont faites, les colonnes du crédit et du débit de la feuille doivent se balancer exactement, puisque chaque penny qu'une banque doit recevoir est nécessairement payé par une autre banque [1]. »

Veut-on savoir quel total de payements s'effectuent, par ce système d'échanges compensateurs, à la seule chambre de liquidations de Londres ? Le chiffre paraît fabuleux. Il est authentique, pourtant : au cours de l'année 1881, ces payements se sont élevés à près de *six milliards* de livres sterling, — cent cinquante milliards de francs !

[1] Stanley Jevons.

FIN.

APPENDICE

A.

CONVENTION MONÉTAIRE.

Art. 1er. La France, la Belgique, la Grèce, l'Italie et la Suisse demeurent constituées à l'état d'union pour ce qui regarde le titre, le poids, le diamètre et le cours de leurs espèces monnayées d'or et d'argent.

2. Les types des monnaies d'or frappées à l'empreinte des Hautes Parties contractantes sont ceux des pièces de cent francs, de cinquante francs, de vingt francs, de dix francs et de cinq francs, déterminés, quant au titre, au poids, à la tolérance et au diamètre, ainsi qu'il suit :

NATURE DES PIÈCES.		TITRE.		POIDS.		DIAMÈTRE.
		Titre droit.	Tolérance.	Poids droit.	Tolérance.	
	fr.	millièmes	millièmes	grammes	millièmes	mm
OR	100	900	1	32,25806	1	35
	50			16,12903		28
	20			6,45161	2	21
	10			3,22580		19
	5			1,61290	3	17

Les gouvernements contractants admettront sans distinction dans leurs caisses publiques les pièces d'or fabriquées sous les conditions qui précèdent, dans l'un ou l'autre des cinq États, sous réserve, toutefois, d'exclure les pièces dont le poids aurait été réduit par le frai d'un demi pour cent au-dessous des tolérances indiquées ci-dessus, ou dont les empreintes auraient disparu.

3. Le type des pièces d'argent de cinq francs frappées à l'empreinte des Hautes Parties contractantes est déterminé quant aux titre, poids, tolérance et diamètre, ainsi qu'il suit :

TITRE.		POIDS.		DIAMÈTRE.
Titre droit.	Tolérance.	Poids droit.	Tolérance.	
900 milliém.	2 milliém.	25 gramm.	3 milliém.	37 mm

Les gouvernements contractants recevront réciproquement lesdites pièces dans leurs caisses publiques, sous la réserve d'exclure celles dont le poids aurait été réduit par le frai de un pour cent au-dessous de la tolérance indiquée plus haut, ou dont les empreintes auraient disparu.

4. Les Hautes Parties contractantes s'engagent à ne fabriquer des pièces d'argent de deux francs, d'un franc, de cinquante centimes et de vingt centimes, que dans les conditions de poids, de titre, de tolérance et de diamètre déterminées ci-après :

NATURE DES PIÈCES.		TITRE.		POIDS.		DIAMÈTRE.
		Titre droit.	Tolérance.	Poids droit.	Tolérance.	
	fr. c.	millièmes	millièmes	grammes	millièmes	mm
ARGENT	2 »	835	3	10,00	5	27
	1 »			5,00		23
	» 50			2,50	7	18
	» 20			1,00	10	16

Ces pièces devront être refondues par les gouvernements qui les auront émises, lorsqu'elles seront réduites par le frai de cinq pour cent au-dessous des tolérances indiquées ci-dessus, ou lorsque leurs empreintes auront disparu.

5. Les pièces d'argent fabriquées dans les conditions de l'article 4 auront cours légal, entre les particuliers de l'État qui les a émises, jusqu'à concurrence de cinquante francs pour chaque payement.

L'État qui les a mises en circulation les recevra de ses nationaux sans limitation de quantité.

6. Les caisses publiques de chacun des cinq pays accepteront les monnaies d'argent fabriquées par un ou plusieurs des autres États contractants, conformément à l'article 4, jusqu'à concurrence de cent francs pour chaque payement fait auxdites caisses.

7. Chacun des gouvernements contractants s'engage à reprendre des particuliers ou des caisses publiques des autres États les monnaies d'appoint en argent qu'il a émises et à les échanger contre une égale valeur de monnaie courante en pièces d'or ou d'argent, fabriquées dans les conditions des articles 2 et 3, à condition que la somme présentée à l'échange

ne sera pas inférieure à cent francs. Cette obligation sera prolongée pendant deux années à partir de l'expiration de la présente convention.

8. Le Gouvernement italien ayant déclaré vouloir supprimer ses coupures divisionnaires de papier inférieures à 5 francs, les autres États contractants s'engagent, pour lui faciliter cette opération, à retirer de leur circulation et à cesser de recevoir dans leurs caisses publiques les monnaies italiennes d'appoint en argent.

Ces monnaies seront admises de nouveau dans les caisses publiques des autres États contractants, dès que le régime du cours forcé du papier-monnaie aura été supprimé en Italie.

Il est entendu que, lorsque les opérations relatives au retrait de la circulation internationale des monnaies italiennes d'appoint en argent auront été terminées, l'application des dispositions de l'article 7 sera suspendue à l'égard de l'Italie.

9. Le monnayage des pièces d'or fabriquées dans les conditions de l'article 2, à l'exception de celui des pièces de 5 francs d'or qui demeure provisoirement suspendu, est libre pour chacun des Etats contractants.

Le monnayage des pièces de 5 francs d'argent est provisoirement suspendu. Il pourra être repris lorsqu'un accord unanime se sera établi, à cet égard, entre tous les États contractants.

10. Les Hautes Parties contractantes ne pourront émettre des pièces d'argent de deux francs, d'un franc, de cinquante centimes et de vingt centimes, frappées dans les conditions indiquées par l'article 4, que pour une valeur correspondant à six francs par habitant.

Ce chiffre, en tenant compte des derniers recensements effectués dans chaque État, est fixé :

Pour la France et l'Algérie, à......... 240,000,000 fr.
Pour la Belgique, à.................. 33,000,000
Pour la Grèce, à..................... 10,500,000
Pour l'Italie, à..................... 170,000,000
Pour la Suisse, à.................... 18,000,000

Sont imputées sur les sommes ci-dessus les quantités déjà émises jusqu'à ce jour par les États contractants.

11. Le millésime de fabrication sera inscrit, en conformité rigoureuse avec la date du monnayage, sur les pièces d'or et d'argent frappées dans les cinq États.

12. Les gouvernements contractants se communiqueront annuellement la quotité de leurs émissions de monnaies d'or et d'argent, ainsi que toutes les dispositions et tous les documents administratifs relatifs aux monnaies.

Ils se donneront également avis de tous les faits qu intéressent la circulation réciproque de leurs espèces d'or et d'argent et spécialement de tout ce qui parviendrait à leur connaissance au sujet de la contrefaçon ou de l'altération de eurs monnaies dans les pays faisant ou non partie de l'Union, notamment en ce qui touche aux procédés employés, aux poursuites exercées et aux répressions obtenues ; ils se concerteront sur les mesures à prendre en commun pour prévenir les contrefaçons et les altérations, les faire réprimer partout où elles se seraient produites et en empêcher le renouvellement.

Ils prendront, en outre, les mesures nécessaires pour mettre obstacle à la circulation des monnaies contrefaites ou altérées.

13. Toute demande d'accession à la présente convention faite par un État qui en accepterait les obligations et qui adopterait le système monétaire de l'union ne peut être accueillie que du consentement unanime des Hautes Parties contractantes.

14. L'exécution des engagements réciproques contenus dans

la présente convention est subordonnée à l'accomplissement des formalités et règles établies par les lois constitutionnelles de celles des Hautes Parties contractantes qui sont tenues d'en provoquer l'application, ce qu'elles s'obligent à faire dans le plus bref délai possible.

15. La présente convention, exécutoire à partir du 1er janvier 1880, restera en vigueur jusqu'au 1er janvier 1886. Si, un an avant ce terme, elle n'a pas été dénoncée, elle sera prorogée de plein droit d'année en année par voie de tacite reconduction et demeurera obligatoire jusqu'à l'expiration d'une année après la dénonciation qui en serait faite.

B.

La comparaison des monnaies de l'époque de Louis XIII et de la nôtre ne fait pas connaître la différence du pouvoir de l'argent à ces deux époques. Si la livre alors pesait 10 grammes, tandis que notre franc n'en pèse que 5, cela veut dire seulement que la livre valait 2 fr., mais non qu'elle avait un pouvoir double du franc. Pour apprécier ce pouvoir, il faut savoir le prix des principales marchandises consommées par les diverses classes de la société. La plus importante est le blé. La moyenne de son prix pour les vingt-neuf années 1615-1640 est de 13 livres 40/100es pour le setier de 144 litres, pesant 110 kilogrammes. La livre-monnaie d'alors pesant 10 grammes, ce prix équivaut en poids à 26 fr. 80. Or l'année dernière, le même poids de froment se vendait à Paris plus de 30 fr. Le blé n'a donc augmenté depuis 1640, par rapport aux métaux précieux, que de 50 p. 100 environ. Cependant, au commencement du dix-septième siècle, le cultivateur vivait avec un salaire journalier de 60 à 75 centimes de notre monnaie pour les hommes, et de 30 centimes pour les femmes ; aussi devait-il se contenter de pain d'orge et d'avoine, dont on n'ôtait même pas le son (Vauban).

En 1634, le plus beau pain de méteil se vendait 7 deniers la livre. En 1631, année de disette, le prix du pain bis ne dépassa pas 10 deniers. Aujourd'hui le pain blanc ordinaire ne descend pas dans les campagnes au-dessous de 19 à 20 centimes le 1/2 kilogr., prix supérieur de 300 p. 100 à celui du pain noir que mangeaient alors les paysans. Cela tient à ce que les salaires ayant augmenté dans une proportion beaucoup plus forte que le froment, celui-ci est devenu accessible à tous ; mais le pouvoir de l'argent sur le blé n'a pas diminué ; au contraire, il a augmenté, et le blé est bien moins cher aujourd'hui qu'il n'était autrefois, puisqu'il n'a haussé que de 50 p. 100, tandis que tous les autres prix ont augmenté de 300 p. 100. Le savant académicien donne les prix d'un grand nombre de marchandises, ainsi que les taux des salaires, traitements, etc., sous Louis XIII. En doublant tous ces chiffres pour ramener la valeur au poids de la livre d'alors à celle de notre franc, on trouve que les prix et les salaires de tout ordre ont augmenté dans une proportion énorme, et l'auteur ne craint pas d'affirmer que sous Louis XIII le pouvoir d'achat de l'argent était, en somme, le triple de ce qu'il est aujourd'hui. Ceci, toutefois, ne s'applique pas à certaines marchandises alors fort rares et considérées comme objets de grand luxe, aujourd'hui communes, et de consommation courante.

(M. d'Avenel. — Académie des sciences morales et politiques, séance du 4 février 1882.)

C.

La fabrication des ouvrages d'or et d'argent est régie en France par la loi du 19 brumaire an VI, relative à la surveillance du titre et à la perception des droits de garantie des matières et ouvrages d'or et d'argent.

Les titres dont les fabricants peuvent faire usage sont au nombre de 3 pour l'or et de 2 pour l'argent, savoir :

Or........	1er titre, 920 millièmes ou 22 $\frac{2}{32}$ carats environ.
	2e titre, 840 millièmes ou 20 $\frac{5}{32}$ carats environ.
	3e titre, 750 millièmes ou 18 carats.
Argent....	1er titre, 950 millièmes ou 11 deniers 9 $\frac{7}{10}$ grains.
	2e titre, 800 millièmes ou 9 deniers 14 $\frac{2}{5}$ grains.

La tolérance de titre est pour l'or de 3 millièmes, et pour l'argent de 5 millièmes. Pour les menus objets, essayés seulement au touchau, la tolérance est portée, dans la pratique, à 20 millièmes.

Aucun objet d'or ou d'argent ne peut être mis en vente sans avoir été présenté à un bureau de garantie et revêtu de l'empreinte des poinçons de l'État, après essai constatant qu'il est au titre légal.

Les droits perçus aux bureaux de garantie se divisent en droits d'essai et droits de contrôle.

Le prix d'un essai d'or ou de doré est fixé à 3 francs et celui d'argent à 80 centimes.

L'essai des menus ouvrages d'or par la pierre de touche est payé 9 centimes par décagramme.

Les droits de garantie ou de contrôle sont, en principal, depuis la loi du 30 mars 1872, de 30 francs par hectogramme d'or, et de 1 fr. 60 par hectogramme d'argent.

Il y a en France soixante-sept bureaux de garantie. Le personnel de chaque bureau se compose d'un contrôleur et d'un receveur dépendant de la Direction générale des contributions directes et d'un essayeur placé sous les ordres immédiats de l'Administration des monnaies. Il existe, en outre, sept bureaux de garantie en Algérie.

Aux termes de l'article 1er de l'arrêté des Consuls du 5 germinal an XII, il ne peut être frappé de médailles ou jetons ailleurs que dans les ateliers de la Monnaie, à moins d'une autorisation spéciale du gouvernement.

Le titre des médailles et jetons frappés à la Monnaie de Paris est de 916 millièmes pour l'or et de 950 millièmes pour l'argent.

D.

La loi du 31 juillet 1880 a créé, en outre, une Commission de contrôle de la circulation monétaire composée de neuf membres désignés : un par le Sénat, un par la Chambre des Députés, un par le Conseil d'État, un par la Cour des Comptes, un par le Conseil de la Banque de France, deux par l'Académie des Sciences et deux par la Chambre de Commerce de Paris.

Cette Commission doit s'assurer de la régularité de l'émission des pièces au point de vue du poids et du titre et, à cet effet, elle fait vérifier, à la fin de chaque année, des échantillons prélevés sur chacune des brèves admises en délivrance dans le cours de l'année. Cette vérification porte également sur des pièces extraites de la circulation.

Dans le premier mois de chaque année, la Commission remet au Président de la République un Rapport sur les résultats de la fabrication effectuée pendant l'année précédente et sur la situation matérielle de la circulation.

Ce Rapport est publié et distribué au Sénat et à la Chambre des Députés.

FIN DE L'APPENDICE.

BIBLIOGRAPHIE

Traicté de la Monnoie de Nicolas Oresme et *Traité* de Copernic sur la même matière (textes latin et français), publiés par M. L. Wolowski. — In-8°, Paris, 1864.

Le comte G. Garnier : *Histoire de la Monnaie dans l'antiquité*. — 2 vol. in-8°, Paris, 1819.

Don Vasquez Queipo : *Essai sur les systèmes métriques et monétaires des anciens peuples*. — 3 vol. gr. in-8°, Paris, 1859.

L. Wolowski : *L'or et l'argent*. — Paris, 1870.

W. Bagehot : *Lombart-Street*, ou le marché financier en Angleterre. — In-12, Paris, 1874.

Th. Mommsen : *Histoire de la Monnaie romaine* ; traduction du duc de Blacas. — 4 vol. gr. in-8°, Paris, 1865-73.

Frère-Orban : *La question monétaire*. — In-8°, 1874.

Seyd : *Bullion and the foreign exchange*.

Le comte de Rochechouart : *Les Monnaies chinoises*. (*Journal des économistes*, tome XV, 1869.)

Stanley Jevons : *La Monnaie et le mécanisme de l'échange*.

Alph. Bonneville : *Encyclopédie monétaire*. — In-folio, 1849.

Ch. Evon : *Abécédaire de numismatique romaine*. — In-8°, 1875.

Le duc DE LUYNES : *Choix de médailles grecques.* — In-folio, 1840.

H. COHEN : *Description générale des monnaies consulaires.* — In-4°, 1857, et *Description générale des monnaies impériales.* — 7 vol. in-8°, 1862-68.

Benjamin FILLOU : *Études numismatiques.* — In-8°, 1858.

W. H. WADDINGTON : *Mélanges de numismatique et de philologie.* — In-8°, 1861.

Mich. HENNIN : *Manuel de numismatique ancienne.* — 2 vol. in-8° avec atlas, 1872.

E. BEULÉ : *Les monnaies d'Athènes.* — In-4°, 1858.

Pocy d'AVANT : *Monnaies féodales de France.* — 3 vol. in-4°, 1862.

F. DE SAULCY : *Numismatique des Croisades.* — In-4°, 1847.

A. DE BARTHÉLEMY : *Numismatique mérovingienne.* — In-8°, 1865.

Ch. LENORMANT, Paul DELAROCHE et HENRIQUEL-DUPONT : *Trésor de numismatique et de glyptique.* — 20 vol. in-folio.

Guillaume COMBROUSE : *Catalogue raisonné des monnaies nationales de France.* — 2 vol. in-4° avec atlas, 1841.

Prosper MAILLET : *Catalogue descriptif des monnaies obsidionales.* — In-8°, avec atlas, 1873.

A.-N. BERNARDAKIS : *Le papier-monnaie dans l'antiquité* (*Journal des économistes*, tome XXXIII.)

Ern. LEVASSEUR : *Recherches historiques sur le système de Law.* — 1854.

L. WOLOWSKI : *Le change et la circulation*, 1869, et *La Banque d'Angleterre et les banques d'Ecosse*, 1867.

Alfred SUDRE : *Etudes sur la circulation et les banques.* — In-12, 1865.

Ch. COQUELIN : *Le crédit et les banques.* — In-12, 1875.

H. Cernuschi : *Contre le billet de banque.* — In-12, 1866.

A. P. M. Bazot : *Histoire des assignats.*

A. d'Eichthal : *Monnaie de papier et banques d'émission.* — 2 vol. in-8°, 1864.

F. de Silva : *Histoire d'un billet de banque*, 1868.

Capefigue : *Histoire des grandes opérations financières.* — 4 vol. in-8°, 1857.

Adam Smith : *Causes de la richesse des nations*, traduction Germ. Garnier avec commentaires divers. — 2 vol. gr. in-8°, 1843.

J.-B. Say : *Traité d'économie politique.* — 6e édition, 1841.

Léon Walras : *Éléments d'économie politique.* — Lausanne. — Paris.

Michel Chevalier : *Leçons d'économie politique professées au collège de France.*

A. Cochut : *Law, son système et son époque*, 1853.

A. de Marlace : *Monnaies, poids et mesures des divers États.* — Paris, 1882.

TABLE DES CHAPITRES

APPENDICE

VERSAILLES, IMPRIMERIE CERF ET FILS, RUE DUPLESSIS, 59.

VERSAILLES. — IMPRIMERIE CERF ET FILS, 59, RUE DUPLESSIS.

www.ingramcontent.com/pod-product-compliance
Ingram Content Group UK Ltd.
Pitfield, Milton Keynes, MK11 3LW, UK
UKHW021151260726
13994UKWH00001B/382

9 782329 449722